V&R

Dienst am Wort

Die Reihe für Gottesdienst und Gemeindearbeit

Band 127

Vandenhoeck & Ruprecht

Film-Predigten

Hans Martin Dober

2. Auflage

Vandenhoeck & Ruprecht

Für Wilhelm Gräb,
einen Pionier der Erforschung
der Religion in den Medien

Bibliografische Information der Deutschen Nationalbibliothek

Die Deutsche Nationalbibliothek verzeichnet diese Publikation in der
Deutschen Nationalbibliografie; detaillierte bibliografische Daten
sind im Internet über http://dnb.d-nb.de abrufbar.

ISBN 978-3-525-59536-7
ISBN 978-3-647-59536-5 (E-Book)

Satz: weckner media+print GmbH, Göttingen
Druck und Bindung: ⊕ Hubert & Co, Göttingen

Gedruckt auf alterungsbeständigem Papier.

Inhalt

Prolog

Die Kirche „wird aus ihren Mauern und Strukturen auf-
brechen müssen, um im Sehen der Geschichten, die
kulturell und religiös, politisch und sozial im Alltag und
der Lebenswelt der Menschen spielen, Gleichnisse zu
suchen, die in Phantasie und Imagination Befreiung von
den vielfältigen Zwängen der Wirklichkeit entwerfen …
zutiefst werden wir von diesen gefundenen Gleichnissen
bewegt werden: eben genau wie im Kino."

W. Schneider-Quindeau[1]

Ohne die nachdrückliche Empfehlung einiger Hörer und Leser
der hier vorgelegten Film-Predigten hätte der Verfasser den Mut
zur Veröffentlichung nicht gefasst. Denn in einer Predigt die
Auslegung eines biblischen Textes und seine „Anwendung" auf
die Lebenswirklichkeit der Gegenwart auf dem Wege der Nacherzählung eines Films zu leisten, ist homiletisches Neuland.[2] So
ist denn für den Prediger auch die Entdeckerfreude schon bei
der Suche nach Filmen leitend gewesen, die für diesen speziellen
Zweck geeignet erschienen. Diese am Sonntagmorgen inszenier-
ten „Gespräche" zwischen einem Film, Bibeltexten und der ge-

---

1 W. Schneider-Quindeau, Bewegte Blicke. Erfahrungen mit dem Sehen
in Film und Glaube, in: W.-E. Failing/H.-G. Heimbrock/Th.A. Lotz
(Hg.), Religion als Phänomen. Sozialwissenschaftliche, theologische
und philosophische Erkundungen in der Lebenswelt, Berlin/New York
2001, 147-158, 158.
2 Vgl. aber Th. Gundlach, Bilder, Mythen, Movies. Gottesdienste zu
Unterhaltungsfilmen der Gegenwart, in: Pastoraltheologie 83 (1994),
550-563 und die Aufnahme dieser „ersten Erfahrungen mit Filmgottes-
diensten" bei J. Herrmann (Ders., Medienerfahrung und Religion.
Eine empirisch-qualitative Studie zur Medienreligion, Göttingen 2007,
354-360, 355).

genwärtig oder existentiell typischen Erfahrung nun der Lektüre interessierter Zeitgenossen vorzulegen, ist vor allem der homilctischen Herausforderung geschuldet, in der Predigt eine aktuelle und konkrete Sprache zu sprechen, die zur Individualität des Predigers passt.

Diese Herausforderung ergibt sich für einen Gemeindepfarrer Sonntag für Sonntag. Sich ihr mit einer Filmpredigt zu stellen, erforderte eine spezifische Vorbereitung, die auf besondere Gelegenheiten zu beziehen war. Doch wenn der Film gesehen und für geeignet befunden, wenn er zur Vorführung in der Gemeinde bestellt war, standen auch die Filmpredigten unter den Produktionsbedingungen einer jeden Kanzelrede – sie mussten zu einem bestimmten Zeitpunkt fertig sein und spiegeln auch in ihrer schriftlich fixierten Form noch die Eigenart, Gelegenheits-Reden zu sein, die auf einen bestimmten Augenblick bezogen sind und von ihm her auch ihre Begrenzung erfahren.

Weil die Gegenwarts-Relevanz einer Predigt zu ihren charakteristischsten Eigenschaften gehört, setzt die vorliegende Sammlung von Filmpredigten auch nicht mit einer homiletischen Besinnung ein, welche Legitimität denn einer solchen Form der religiösen Rede zukomme. Am Anfang stehen die Predigten selbst, um dann im Nachhinein ins Licht einer Reflexion gestellt zu werden. Das entspricht dem Status der Theorie dieser rhetorischen Gattung, auf die schon vorliegende Dokumentation von Kanzelreden zurückgehen zu müssen, um sich als Theorie dieser Praxis entfalten zu können. Zwar müssen die Fragen, was das ist: eine evangelische Predigt, und wie man das macht: sie als solche vorzubereiten, in den vorliegenden Antworten immer schon vorausgesetzt werden. Sie begleiten die Predigtarbeit. Aber die praktische Herausforderung ist immer auf die Stunde bezogen, in der ein Gottesdienst mit einer Predigt in seiner Mitte gehalten wird. Und welche Gestalt sie dann gewinnt, ist durch Theorie auch nicht völlig zu antizipieren. So beginnt die Theorie dieser Praxis spät ihren Flug, der Eule der Minerva gleich, um im Nachhinein darüber Klarheit zu gewinnen, was im Vorhinein eingeklammert wurde.

Die hier versammelten Filmpredigten sind in den Jahren 2004 bis 2009 im regulären Sonntagsgottesdienst in der Versöhnungskirche Tuttlingen gehalten worden. Jeweils waren die entsprechenden Filme am Samstagabend vor der Predigt in der Gemeinde zu sehen. So hatte Gelegenheit, sich auf die Filmpredigt vorzubereiten, wer dies wollte. Die Predigten erzählen die Filme aber so nach, dass auch die Hörerinnen und Hörer sie verstehen können, die den Film nicht gesehen haben.

Das Thema der Filme ist jeweils in ein Bedeutungsgeflecht von Bibeltexten in der Schriftlesung und in der Predigt, sowie von Psalmen, Gebeten und Liedern vernetzt worden. Auf diese Weise war der biblische Bezug des Gottesdienstes als eines „Gesamtkunstwerkes" gegeben, auch wenn der Film selbst diesen nicht ausdrücklich hergestellt hat. Die Themen der Predigten sind zu Beginn genannt, jeweils ist die Kanzelrede aber eingebettet in den Gottesdienstablauf. Die Liturgie folgt der Ordnung, die in der Evangelischen Landeskirche in Württemberg üblich ist.[3]

Schließlich sind die Predigten nicht chronologisch nach dem Zeitpunkt eingereiht, an dem sie gehalten worden sind. Vielmehr orientiert sich die Reihe der Predigten an der Ordnung des Kirchenjahrs, in der sie punktuell ihre Stelle einnehmen können (tatsächlich sind einige Predigten zu einem anderen Zeitpunkt gehalten worden). Dass in der Adventszeit und an Weihnachten, um Ostern und Pfingsten keine Filme gezeigt worden sind, ist dem Rhythmus des Gemeindelebens geschuldet. Zu viele andere Belange waren in diesen Zeiten jeweils zu bedenken. Möglich wäre aber durchaus, in der Weihnachtszeit etwa den Film „Merry Christmas" zu zeigen[4], und auch für den Advent ließen sich leicht passende Filme finden. Aus eben den genannten Gründen, dass das Gemeindeleben einen Rhythmus kennt, der sich nicht zuletzt – jedenfalls auch – an der Ordnung des Schuljahrs mit seinem Ferienkalender orientiert, hat sich das Frühjahr und der Herbst als die am besten geeignete Zeit erwiesen, zu Filmpredigten einzuladen.

Zu danken habe ich Mitgliedern der Gemeinde, die mir zu den vorliegenden Predigten Rückmeldung gegeben haben, sowie den ersten Lesern dieser kleinen Sammlung. Mein Kollege im

---

3 Vgl. G. Hennig, Der evangelische Gottesdienst in Württemberg, Stuttgart 1989.
4 Merry Christmas (F/G/U.K./R 2005; Regie: C. Carion) Vgl. meine Analyse in: Dober, Seelsorge bei Luther, Schleiermacher und nach Freud, Leipzig 2008, 252-254.

Amt Pfarrer Ulf Schlimper hat den erst als Einleitung vorgesehenen homiletischen Essay gelesen, der auf seine Anregung hin nun seinen Platz am Ende gefunden hat. Stud. med. Philippe Pape hat die Predigten gelesen und mir als Vertreter der jüngeren Generation wichtige Rückmeldung gegeben.

Für das Korrekturlesen und die kritische Durchsicht der jeweils ausgewählten Bibeltexte, Lieder und Gebete danke ich Kirchenrat Thomas Dermann und meinem Vater Pfr. i.R. Heinz-Theo Dober herzlich.

Alle Genannten sind Freunde des Films, woher sich denn auch ihre Bereitschaft nährte, sich auf das Projekt von Predigten einzulassen, die mit Filmen das Gespräch suchen.

Tuttlingen, im Herbst 2009

Hans Martin Dober

1 Auf der Suche nach Sinn: „Erleuchtung garantiert"
(Letzter Sonntag nach Epiphanias)

Predigt am 13.1.2008

Biblisches Motto:
„Bei dir ist die Quelle des Lebens, /
und in deinem Lichte sehen wir das Licht." (Psalm 36,10)

Alternativ (Wochenspruch):
„Über dir geht auf der Herr, und seine Herrlichkeit
erscheint über dir." (Jesaja 60,2)

EINGANGSLIED
EG 455, 1-3 (Morgenlicht leuchtet) [1]

PSALM 36 [719] oder 27 [713] [2]

EINGANGSGEBET
Ewiger Gott,
du schenkst uns nach jeder Nacht
wieder das Licht des Tages.
So willst du es hell werden lassen auch in uns
durch deinen Sohn, durch dein Wort.
Wir bitten dich:
Leite uns durch das Licht der Welt
zu deiner Wahrheit und Klarheit.

SCHRIFTLESUNG 2. Korinther 4, 6-10

---

1 Die Lieder werden zitiert nach: Evangelisches Gesangbuch. Antwort
finden in alten und neuen Liedern, in Texten und Bildern [Ausgabe für
die Evang. Landeskirche in Württemberg], Stuttgart 1996.

2 Auch die Psalmen werden in der Auswahl zitiert, die sich im Evangelischen Gesangbuch (s.o. Anm. 1) finden. Die Nummern in [ ] beziehen
sich auf den entsprechenden Teil im Gesangbuch.

EG 66, 1.7.8
(Jesus ist kommen, Grund ewiger Freude)

PREDIGT

Liebe Gemeinde,

gestern Abend war hier ein Film über die Schwierigkeiten des
Alltags zu sehen und das, was ihn unterbricht, über das Verhältnis von Familie und Beruf, über die Suche nach Sinn und Orientierung im Labyrinth der Welt, des Herzens und der Vielzahl
von Deutungsangeboten. Es ist ein Film von Schauspielern, die
auch im Film heißen wie im sonstigen Leben: Uwe Ochsen-
knecht, Gustav-Peter Wöhler, Heiner Lauterbach, Ulrike Krie-
ner. Dieser Film passt gut in die Epiphaniaszeit, denn eben
darum geht es auch im christlichen Leben: um eine Erleuchtung in der Frage, wozu wir da sind, was unsere Aufgabe ist,
und wie wir ein gutes Leben führen können. Epiphanias heißt
ja: Mit der Geburt im Stall von Bethlehem ist das Licht der
Welt erschienen, um uns eine Leuchte zu sein auf dem Weg des
Lebens. Eben das besingen wir in den Liedern, die für diese
Zeit des Kirchenjahres vorgesehen sind. Doch was heißt, Licht
zu sehen und erleuchtet zu werden in der Fülle der Angebote,
Lebenssinn zu finden? In diese Frage führt der Film hinein.

„Erleuchtung garantiert" ist eine Parodie auf die Suche nach
Sinn in unserer gesellschaftlichen Gegenwart, in der es keine un-
angefochten gültigen Traditionen mehr gibt. Zwar wird von
Seiten der Politik immer wieder einmal eine christliche Leitkul-
tur eingefordert, aber die Vielzahl religiöser Angebote auf einem
kaum überschaubaren Markt lässt sich nicht durch programma-
tische Forderungen rückgängig machen. Längst bietet sich
nicht mehr nur das Christentum in seinen konfessionellen Gestalten an, der Suche nach Sinn zu entsprechen und Orientierung im Leben des einzelnen zu geben. Für viele haben die
fernöstlichen Religionen eine magnetische Anziehungskraft gewonnen. Deren Rituale und Lehren scheinen interessanter zu
sein als das Gewohnte, auch wenn man sie kaum versteht. Wie
soll der einzelne mit seinen Sorgen und Ängsten umgehen lernen? Wie soll er sein Leben mit anderen gestalten? Wie kann er
seinen Alltag bewältigen? Diese Fragen treiben viele um, und
sie verlangen nach Antwort.

Nur wenige Gewohnheiten der christlichen Tradition sind übrig geblieben. Eine Fülle von Privatritualen beherrscht das Bild. Es sind ritualisierte Handlungen, die einen Unterschied setzen zwischen Arbeit und Freizeit, Zeit der Familie und Zeit je für mich, beruflicher und sportlicher Tätigkeit. Uwe, der Familienvater mit vier kleinen Kindern, joggt, um sein Gleichgewicht zu finden, und er raucht Zigaretten, um die Pausen und Übergänge zu markieren. Doch er kennt keine Rituale, die das Leben in der Familie regeln. Hier herrscht ein Chaos, das weder er noch seine Frau bewältigen können. Zwar gibt er seinen Kunden als Küchen-Verkäufer die besten Ratschläge, wie dieser „Ort der Gemeinschaft" am besten zu gestalten sei. Selbst aber geht ihm die Sensibilität völlig ab, in der Betreuung und Erziehung seiner Kinder mit der Ehefrau zu einer Teamarbeit zu finden, die beide vor der Überlastung bewahren könnte. Statt sie zu unterstützen, lässt er *sie* die verschüttete Milch vom Boden aufwischen, macht sich über sie lustig und scherzt mit den Kindern. Die Quittung für sein spät pubertierendes Verhalten bekommt er nach der Rückkehr aus dem Geschäft: Inzwischen ist die Mutter mit den vier Kindern ausgezogen, und er findet sich allein im von ihm geschäftlich so gepriesenen „Ort der Gemeinschaft".

Dermaßen unterbrochen in dem, was ihm im Alltag selbstverständlich war, und am Boden zerstört sucht er Trost bei seinem ungleichen Bruder. Der ist schon lange unterwegs zu sich selbst. Eine Schale mit Sand hat er mit einem kleinen Rechen bearbeitet, um wellenähnliche Strukturen hervorzubringen. Das Chaos seiner Sinnsuche will er durch einen Springbrunnen beruhigen, der im Wohnzimmer für Atmosphäre sorgen soll, nur hat er – leider, leider – ein Leck. Zu sehr beschäftigt mit seinem Bedürfnis nach Harmonie in der Symbolik der Gegenstände um ihn herum, lässt auch er seine Frau das Verschüttete vom Boden aufwischen. Beruflich berät er Menschen nach der Methode von „Feng Shui", um ihnen zu helfen, sich im eigenen Hause wohl zu fühlen. Und das möchte er nun auch für sich selbst, für sein Selbstverhältnis, für seine Seele erfahren.

In Übungen der Meditation hatte er sich für den Aufenthalt in einem buddhistischen Kloster in Japan vorbereitet, doch nun will der in Exerzitien der Andacht so gar nicht bewanderte Bruder ihn begleiten. Beide finden sich schließlich im Flugzeug nach Tokio. Sie fliegen ans andere Ende der Welt, doch in

allem, was anders ist, finden sie erst einmal nichts anderes als –
sich selbst: ihre Sorgen und Ängste, ihre Unsicherheiten und
Unbeholfenheiten, ihre Erinnerungen an den Alltag, dem sie
entflohen sind (für ein paar Wochen mal weg), und auch Spuren ihrer gemeinsamen Geschichte als unterschiedliche Brüder,
die nun zusammenhalten müssen und das auch können.

Sie sind ausgezogen, sich selbst zu finden, doch nun finden
sie sich erst einmal in einer durchaus fremden Welt, in der sie
sich zu verlieren drohen. Sie verlaufen sich und finden ihr Hotel
nicht mehr, weil die Leuchtreklame, an der sie sich orientiert
hatten, ausgeschaltet wird. Sie gehen der Sicherheiten des kultivierten Reiseverkehrs verlustig, weil der Geldautomat die Kar-
ten beider einbehält. So stehen sie mitten in dieser Großstadt,
verlassen und ohne Orientierung. Am Ende verlieren sie sich
selbst aus den Augen.

So scheint sich zu bewähren, was im Zen-buddhistischen
Ratgeber Gustavs steht: „Durch Loslassen gewinnst du.“ Doch
es ist nicht viel, was die beiden gewinnen: ein bisschen Gleich-
gültigkeit ihrer eigenen Situation gegenüber, ein wenig Gelassenheit vielleicht. Denn sie müssen im Pappkarton übernach-
ten, den sie zufällig auf einem Friedhof finden. Es ist, als gehe
eine Prophezeiung in Erfüllung, auf die die Kamera zu Beginn
flüchtig hingewiesen hatte, als Uwe durch den verschneiten
Friedhof gejoggt war, eben am Pappkarton als Schutzhütte
eines Obdachlosen vorbei, über dessen Füße er beinahe gestol-
pert wäre. „Jeder Tag ist ein guter Tag“, sagt Gustav am Morgen
nach dieser unbequemen Nacht, und deutet auf eine positive
Einstellung zum Leben hin, die sich durch Entbehrungen hindurch erschließt.

Auf Umwegen finden sie schließlich den Weg zum Kloster.
Der Weg ist das Ziel, ein Weg des Verlusts von gewohnten Sicherheiten, ein Weg, der mehr der inneren als der äußeren Orientierung bedarf, ein Weg zu einer Erleuchtung, die alles andere als garantiert ist. Sie deutet sich an als Wunsch, der durch alte
Erfahrungs-Praktiken Bestätigung zu finden scheint: Uwe lässt
sich von einer alten Frau aus der Hand lesen, deren Linien für
sie die jüngsten Entwicklungen in der Lebensgeschichte offen-
baren. Doch „eine Hoffnungslinie führt zum Licht“, spricht sie
in die kleine Hand-Kamera, mit der die Brüder ihren Weg dokumentieren. An die Stelle des guten alten Tagebuchs als Hilfe
zur Selbstfindung ist dieses neue Medium getreten.

Was führt denn nun schließlich aus dem Dunkel heraus, dem Dunkel des Verhältnisses zu sich selbst, wie auch zu einer Welt, in der es so schwer geworden ist, eine Ordnung aufrecht zu erhalten, einer Welt, in der auf Schritt und Tritt das Chaos droht? Was führt zur Erleuchtung, die sich am Ende ganz versteckt andeutet dadurch, dass die Brüder ihre Erinnerungen ordnen, ihre innere Unruhe beruhigen und Formen erlernen, die den Tag strukturieren?

Es ist die Einübung in die Befolgung von Regeln einer Gemeinschaft – eben dieser fernen, für die Brüder flüchtigen und alles in allem fremd bleibenden Klostergemeinschaft von Mönchen. Es ist die Einübung von Ritualen, die den Körper ebenso betreffen wie dann auch das innere Leben dessen, der sich der Härte des frühen Aufstehens, der kalten Waschung, dem langen Meditieren in unbequemer Haltung, und der Höflichkeitszeremonielle fügt. Und in der Tat scheint vor allem das Ritual die Dinge ins rechte Lot zu bringen. Durch das tägliche Gleichmaß können die Gedanken kommen und gehen, die Erinnerungen sich einstellen und zugelassen werden. Durch das Putzen, das vor allem dem korpulenten Bruder große Mühe bereitet, soll sein Herz gereinigt werden. Der Blick auf das fließende Wasser soll die Sorgen und Ängste seiner Seele wegspülen. Die Lebensberatung, die der Abt den beiden gewährt, unterstützt nur den Prozess einer Entleerung von Überflüssigem und einer Reinigung von Störendem.

Liebe Gemeinde, dieser Film passt gut in die Zeit des Kirchenjahrs, in die wir nach Weihnachten eingetreten sind. Auch im christlichen Leben kommt es darauf an, sich seines Eigenen gewiss zu werden und eine Orientierung zu finden, die im Alltag zu bestehen hilft. Schließlich ist das Pilgern zu einem großen Thema auch bei uns Protestanten geworden. „Ich bin dann mal weg" – davon handelt eben nicht nur der Bestseller, der die Wanderung über den Jakobsweg beschreibt, sondern auch dieser Film, der auf eine ironische, parodistische Weise ernste Fragen berührt.

Der Film scheint sagen zu wollen: Wir brauchen Rituale, und zwar nicht nur für uns selbst, sondern vor allem für das gemeinsame Leben mit den anderen. Für das Verhältnis zu sich selbst ist es wichtig, zur Klarheit zu gelangen. Was ist die Hauptsache, was nur Nebensache? Worauf kommt es eigentlich an in meinem Leben? Und wer bin ich überhaupt? Einerseits braucht es eine gewisse Ordnung im Leben, um zu diesen Fragen überhaupt durchzudringen. Andererseits tun aber auch Unterbrechungen des Alltags gut, um diese Fragen zu entdecken: eine Reise in ein fernes Land etwa oder die Herausforderung, eine Zeit lang ganz einfach zu leben und mit ganz Wenigem auszukommen.

Dem kann ich zustimmen. Denn diese Einsichten können sich in jedem Leben bewähren. Auch der Gottesdienst ist ja eine Unterbrechung des Alltags, die uns helfen will, zur Ruhe zu kommen, in der Eile und Hast der Woche innezuhalten und zu verweilen. Zu verweilen aber nicht auf eine beliebige Weise, sondern angeregt durch Themen, die die Geschichte des Christentums uns aufgibt, durch Texte der Bibel, die verlesen werden und die wir hören, durch Lieder, die wir gemeinsam singen, und durch die Musik, die wir in uns aufnehmen. Die Texte der Bibel sind zwar die Grundlage, an der wir uns orientieren. Wir würden die Eigenart des christlichen Glaubens aus dem Blick verlieren, wenn wir das nicht mehr täten. Aber dann und wann ist es gut, diese alten Texte, geschrieben unter ganz anderen Bedingungen als denen, die unsere Gegenwart bestimmen, mit Worten und Bildern aus unserer Zeit ins Gespräch zu bringen, auch mit den Bildern eines Films.

Nicht die ganze Antwort auf unsere Suche nach Lebenssinn hat dieser Film von Doris Dörrie schon bereit. Denn Rituale können auch leer werden, Gewohnheiten können das Leben auch behindern, so unverzichtbar sie sein mögen. Für ein christliches Leben braucht es darüber hinaus die Orientierung an dem schönen Morgenstern, den wir in unseren Liedern besingen. Denn am Leuchten dieses Sterns über dem Stall von Bethlehem ist eine Orientierung zu gewinnen, die je mein Verhältnis zu mir selbst und zu den anderen in Ordnung bringen kann. Hier ist ein Licht in die Welt gekommen, das uns leuchten will, wenn wir fragen: Wer bin ich? Worauf kann ich mich letztlich verlassen, wenn ich nach dem Sinn des Lebens frage? Und wozu ist mir mein Leben geschenkt worden?

In dem Lied, das wir gleich singen werden, wird Christus als dieser Morgenstern besungen, als eine Himmelsblume, an der wir uns erfreuen können, und als eine Liebesflamme, die unser Herz erwärmen will. Über den Film hinaus ist mir besonders wichtig, dass es bei den Selbstgesprächen nicht bleiben muss, die die beiden ungleichen Brüder auf ihrer Reise zu sich selbst mit der Kamera führen. Demgegenüber weist uns das Kirchenlied in eine Haltung des Gebets ein, die den schönen Morgenstern mit „Du" anspricht wie einen anderen Menschen, der es gut mit uns meint. In solchem Gebet können wir die Sorgen fahren lassen, die wir uns um unser eigenes Leben und das der anderen machen. In solchem Gebet kann aber auch die Angst aufhören, der es eng geworden ist im eigenen Hause, in der eigenen Seele, denn dieses „Du" Gottes führt in die Offenheit und Weite des Himmels. Mögen wir immer wieder neu zu solchem Gebet den Mut finden. Amen.

Lied nach der Predigt
EG 70, 1.3.4.7 (Wie schön leuchtet der Morgenstern)

Fürbittengebet

Wir bitten dich für die Suchenden auf dem Weg
ihres Lebens:
nach Harmonie sehnen sie sich in manchem Missklang,
Orientierung wollen sie finden im Labyrinth dieser Welt,
ihren eigenen Standpunkt wollen sie gewinnen
in der Vielzahl der Angebote,
und zu ihrer Überzeugung wollen sie stehen
in der Gemeinschaft mit anderen.
Werde du ihnen zu dem Licht, das sie brauchen.
Gemeinsam beten wir:
Herr, erbarme dich.

Vor dir denken wir an alle, die ihre Grenzen nicht sehen,
und die Gefahr laufen, sich zuviel zuzumuten.
Lass sie erkennen, dass keiner von uns
die ganze Welt auf seinen Schultern tragen muss.
Gib ihnen Vertrauen, dass du der Herr bist,
der uns und diese Welt in seinen Händen hält.
Gemeinsam beten wir:
Herr, erbarme dich.

Vor dir denken wir aber auch an die,
die sich selbst nicht das zutrauen, was sie können.
Die Grenzen sind dann zu eng gezogen.
Lass ihnen andere begegnen, die sie ermutigen.

Hilf ihnen, ihre Fähigkeiten zu entdecken
und sie einzusetzen für andere.
Dir nennen wir auch die,
die an sich verzweifeln wollen,
weil sie nicht sehen,
wie es in ihrem Leben weitergehen soll.
Leuchte ihnen mit deinem Licht ein,
damit sie neue Hoffnung und neue Kraft gewinnen.
Gemeinsam beten wir:
Herr, erbarme dich.

Verwandle die Überheblichkeit
in Bescheidenheit, um uns zu ernüchtern,
weite alle Enge in Offenheit,
damit wir ein weises Herz gewinnen,
und kehre unsere Mutlosigkeit um,
damit wir neuen Glauben finden.

Vaterunser

Lied EG 170, 1-3 (Komm, Herr, segne uns)

Segen

Literatur

H.P. Kerkeling, Ich bin dann mal weg. Meine Reise auf dem Jakobsweg, München 2008. Weiterführende Literatur zur Funktion und Bedeutung des Rituals für das Leben: H.M. Dober, Die Zeit ins Gebet nehmen. Medien und Symbole im Gottesdienst als Ritual, Göttingen 2009, 80-101.

2 Als Blinde sehen: „Erbsen auf Halbsechs"
(Sonntag Sexagesimae)

Predigt am 19.2.2006

Biblisches Motto (Wochenspruch):
„Heute, wenn ihr seine Stimmen hören werdet,
verstockt eure Herzen nicht." (Hebräer 3, 15)

EINGANGSLIED
EG 440, 1-4 (All Morgen ist ganz frisch und neu)

PSALM 42 [723]

EINGANGSGEBET
„Ewiger, treuer Gott,
vieles zerrinnt uns zwischen den Fingern,
unsere Zeit, die Gesundheit,
die Hoffnung auf Frieden,
die Träume und Vorhaben.

Dein Wort erreicht uns,
und wir setzen darauf unsere Hoffnung.

Wenn uns der Mut verlässt, stärke uns.
Wenn wir schuldig werden, vergib uns.
Wir hören dein Wort […]
Du bist in unserem Leben und wir leben in dir.
Wenn wir herauszubrechen drohen, halte uns.
Wir sind gewiss, dass du uns liebst."[1]

---

1   G. Engelsberger, Gebete für den Gottesdienst, Stuttgart 2002, 52.

SCHRIFTLESUNG Markus 10, 46-52
Weitere biblische Bezüge:
Deuteronomium 27, 18; Matthäus 15, 14

LIED VOR DER PREDIGT
EG 303, 1.5.6(!) (Lobe den Herrn, o meine Seele)

Alternativ: EG 302, 6(!)

PREDIGT

Blindheit ist ein wichtiges Thema der Bibel, liebe Gemeinde. Wer kennt nicht die Geschichte vom blinden Bartimäus, wie sie in der Kinderkirche gern erzählt wird: Trotz seiner Blindheit erkennt er Jesus als den, der ihn heilen kann. Und Jesus heilt ihn mit den Worten „Geh hin, dein Glaube hat dir geholfen". Blindheit ist hier eine körperliche Behinderung. Doch sie hindert nicht daran, Dinge zu sehen, die anderen verborgen bleiben – vielen anderen, die ein gutes Augenlicht haben. Bartimäus: das ist die biblische Variante des „blinden Sehers" als eines Typus, den auch die griechische Mythologie kennt. Hier sind es zuweilen die Blinden, die den Gang der Ereignisse vorhersehen können. Und Bartimäus erkennt in dem Menschen Jesus die Rettergestalt, die auch ihm helfen kann, während andere Zeitgenossen das nicht sehen konnten oder wollten.

Auch der Film, der gestern Abend hier bei uns zu sehen war, zeigt Blindheit und Sehen in einem spannenden und überraschenden Wechselspiel. Zuerst einmal wird dem Zuschauer der Schock und der Schrecken vor Augen geführt, den diese Behinderung für einen jungen Mann, Jakob mit Namen, in der Blüte seiner Jahre, auf steilem Weg nach oben auf der Karriereleiter bedeutet. Kurz vor der Premiere des Theaterstückes, in dem er Regie führt, hat er einen Autounfall und erblindet. Es mag sein, dass das Hochgefühl des nahen Erfolgs ihn beim Fahren zu Unachtsamkeiten verleitete – der Wagen jedenfalls kommt an einer Baustelle aus der Spur und stürzt in den Kanal. So nimmt das Unglück erst einmal seinen Lauf. Zwar kann der junge Regisseur bald aus dem Krankenhaus entlassen werden, aber seiner Arbeit vermag er nicht mehr kompetent nachzugehen. Lichteffekte, Farben, Bühnenelemente, szenische Aufstellungen – was soll er als Blinder dazu sagen? Die Premiere wird zwar ein Erfolg, Jakob aber verzweifelt an dem Schicksalsschlag, der ihn getroffen hat.

Sein bisheriges Leben ist dahin. Dunkel ist es um ihn geworden. Und auch im Innern seiner Seele sieht er noch kein Licht am Ende des Tunnels. Ausweglos scheint ihm die Bahn, in die er geworfen wurde. Verzweiflung und Wut bestimmen sein Verhalten. Nicht einmal mehr in seiner Wohnung, in seinem Zimmer findet er sich zurecht. Etliches Porzellan wird zerschlagen, ehe er den Hörer des klingelnden Telefons findet.

Gewiss: Die Gesellschaft und die Institutionen lassen ihn nicht ganz allein. Anfangs kümmern sich noch Arbeitskollegen um ihn. Doch er lässt sie abblitzen. All den ohnmächtigen Ärger, der sich an ein namenloses Schicksal richtet, lässt er an ihnen aus, als ob sie an seiner Blindheit schuld wären. Und es dauert nicht lange, bis er all die angestauten Aggressionen gegen sich selbst richtet. Der Selbstmordversuch scheitert aber auf eine irreale, ironisch verfremdete Weise. Denn es ist seine Blindheit, die ihn rettet. Er hatte sich von einem Hochhaus in die Tiefe stürzen wollen, fällt aber nur ein paar Meter auf die gedeckte Kaffeetafel auf einem Sonnendach.

Die Gesellschaft und die Institutionen lassen ihn auch jetzt nicht allein. Von Amts wegen hat man ihm eine junge Frau, Lilly mit Namen, an die Seite gestellt, die von Geburt an blind ist. Sie soll ihm helfen, sich mit den neuen Bedingungen zu arrangieren. Sie soll ihm Tips geben und Techniken beibringen, damit er mit seiner Blindheit leben lerne. Sie soll ihm zeigen, mit den Ohren zu sehen, mit der Nase, im Regen mit den Fingern. Alle anderen Sinne müssen geübt werden, um die Augen – wenigstens teilweise – zu ersetzen.

Doch Jakob will sich eigentlich nicht helfen lassen. Immer wieder bricht der Selbst- und Weltschmerz aus ihm hervor. Und er schlägt die Hilfe aus, die ihm angeboten wird. In einem stolzen und blinden Trotz, der seinesgleichen sucht, will er sich der Obhut entwinden, in die er gegeben wurde. Und man sieht ihn in einer Blindheit zweiten Grades. Zwar summt er an einer Stelle die Melodie von „Der Mond ist aufgegangen". Aber noch will er die Hoffnungsschimmer in der Nacht, die um ihn ist, nicht sehen. Er sperrt sich gegen den Neuanfang, gegen die schweren Schritte eines langen Lernprozesses. Bis er denn flieht – weit weg aus Hamburg über Greifswald nach Onega am Weißen Meer, dorthin, wo seine Mutter, eine sterbenskranke Künstlerin, von ihm Abschied nehmen will, und er von ihr.

In vielen Verwicklungen, die ich nicht alle nacherzählen kann, zeigt der Film, wie der Blinde sehend wird. In dieser Geschichte aus unseren Tagen geschieht kein Wunder, das den Gesetzen der Natur oder den Erfahrungswerten der Medizin widerspräche. Physisch bleiben die Augen dunkel. Aber die Seele lernt mit neuen Augen zu sehen, ganz langsam – und auch das ist ein Wunder. Für Jakob führt die Fahrt zur sterbenden Mutter ins Leben zurück, jetzt unter anderen Bedingungen. Und er wird in einem übertragenen Sinne sehend. Er sieht den Wert seines Lebens im Angesicht des Todes, den die Mutter erleidet, sterbend in seinen Armen. Und er ist die Versuchung los, sein Leben der zerbrochenen Zukunftsaussichten wegen von eigener Hand zu beenden, weil sich die bisherigen Lebensperspektiven zerschlagen hatten.

Hierbei hilft ihm Lilly. Erst einmal hält sie sich an den ethischen Anspruch, wie er im 5. Buch Mose ausgesprochen ist: „Verflucht sei, wer einen Blinden irreführt." Sie hat Verantwortung für Jakob übernommen und folgt ihm nach in den Bahnhof – die Spuren, die er hinterlässt, sind unüberhörbar. Sie folgt ihm nach im Zug nach Greifswald. Sehr eindrücklich ist eine Szene, in der Jakob aus dem Zug steigt, um sich in einem Rapsfeld zu verirren. Das Labyrinth seiner seelischen Erfahrung spiegelt das Labyrinth, das die Welt für ihn geworden ist. Sichtbar gemacht wird seine irre Flucht vor sich und seiner Situation an den Spuren im Feld, die er und seine Helferin hinterlassen. Sie drehen sich im Kreis. Erst jetzt hat er bemerkt, dass auch Lilly blind ist. Und so klingt die alte biblische Frage hier an: Kann ein Blinder einen anderen Blinden leiten? Und es scheint zuerst so, als würde sich das Wort aus dem Matthäus-Evangelium bewahrheiten: „Lasst sie, sie sind blinde Blindenführer! Wenn also ein Blinder einen anderen führt, so fallen sie beide in die Grube."

In der Tat: Auch Lilly begibt sich ins Labyrinth. Vollends geschieht das an dem Punkt, an dem Jakob sie zwingt, auf der Fähre zu bleiben, bis zu der hin sie ihn hatte aus freien Stücken begleiten wollen. Endlich hatte er gemerkt: ohne sie kommt er nicht weiter. Und ohne ihre Hilfe hat er kaum eine Chance. So fährt sie mit in die endlosen Weiten des nördlichen Russlands, in eine zerfallene und weiter zerfallende Welt. So gerät auch sie in ein schillerndes Wechselspiel von Blindheit und Sehen. Anders als Jakob hatte sie von Kindheit an mit ihrer Blindheit leben gelernt. Sie weiß den Blindenstab zu führen, ohne sich zu verlieren. Sie weiß, wie man im Restaurant isst, wenn die Kellnerin ihr sagt, dass die „Erbsen auf halbsechs" liegen. Und sie hat ein Leben in relativer Sicherheit und Ordnung vor sich. Der Verlobte hatte ihr schon ein Modell des Hauses gezeigt, in dem die beiden zusammen wohnen wollten. Er und die Mutter reisen ihr nach. Doch in der Nähe von Jakob macht sie eine neue Erfahrung. Von einem Blinden, der früher einmal sah, lässt sie sich erklären, was Farben sind, das Gelb und das Blau, Farben, die sie nie gesehen hat und von denen sie sich nun ein inneres Bild machen kann. Mehr noch ist es ihr jetzt, als ob ihr an seinem Stolz und Freiheitsdrang erst ein Licht über ihr bisheriges Leben aufgehen würde.

Gewiss: Man hatte ihr alle nur erdenkliche Hilfe zukommen lassen. Aber hatte sie unter dieser Obhut, in der bisherigen Fürsorge, ihren eigenen Lebensweg schon finden können? War sie nicht eingebunden in ein Netz von Ordnungen und Pflichten, die sie diszipliniert erfüllte? Und war sie nicht auch gefangen in diesen Netzen, ohne Freiheit, die Richtung selbst zu bestimmen? Diese Fragen stellen sich ihr in der Begegnung mit Jakob, diesem verrückt seinen Freiheitsdrang lebenden und nun um neue Perspektiven kämpfenden jungen Mann. Und sie erkennt daran einen bisher ungelebten Teil ihrer selbst. Zwar trennen sich ihre Wege noch einmal, aber sie finden sich auch wieder. Die Richtung weist in ein verändertes, neues Leben.

Wir brauchen Geschichten, liebe Gemeinde, an denen uns Sinnfragen anschaulich werden können. Und wir brauchen heutige Geschichten, die uns an die in den alten kondensierte Weisheit wieder heranführen. So ist es für mich mit dem Film „Erbsen auf halbsechs". Er zeigt, wie mit Blindheit zu leben ist. Und was es heißt, als Blinder sehen zu lernen. Denn manchmal sind die Sehenden blind, ohne es zu merken. Die Blinden sehen aber mit den anderen Sinnen, die ihnen erhalten geblieben sind. Und sie sehen mit dem Herzen. Das weiß der Kleine Prinz von Exupéry schon: Man sieht nur mit dem Herzen gut. Wer aber mit dem Herzen sieht, der ist zur Liebe fähig. Und die Liebe widersteht dem Tod. Sie lässt immer wieder neu anfangen. Eben das sind die tiefen Einsichten der Bibel. Gebe Gott, dass wir sehen lernen mit allen Sinnen und Sensorien, mit den Augen und mit dem Herzen, mit unseren seelischen Kräften. Amen.

23

EG 432, 1-3 (Gott gab uns Atem, damit wir leben)

FÜRBITTENGEBET

Lasst uns beten für die im Dunkeln,
die kein Land sehen
und keinen Schimmer Hoffnung haben,
die sich um sich selbst drehen,
und am liebsten vom Erdboden verschwinden würden,
für die Blinden, die ohne ihr Augenlicht weiterleben müssen,
für die, denen unsere harte Welt die Arbeit genommen hat,
für die sie keine Wohnung hat,
kein gutes Wort und keinen Weg.
Für die, die im Stillen leiden,
denen es die Sprache verschlagen hat, die trauern.

Lasst uns beten für die, die heimgesucht werden
von Ängsten,
die sich fürchten vor der Zukunft
und sich quälen mit Sorgen,
dass sie frei werden von Angst,
ins Reine kommen mit sich selbst,
dass ihre Lebenskraft wächst
und ihre Hoffnung.

Nimm dich unser aller gnädig an,
rette und erhalte uns.
Denn dir allein gebührt
der Ruhm und die Ehre und die Anbetung,
dem Vater und dem Sohn und dem Heiligen Geist,
jetzt und immerdar
und von Ewigkeit zu Ewigkeit.

VATERUNSER

LIED EG 171, 1-3 (Bewahre uns, Gott)

SEGEN

Literatur
A. de Saint-Exupéry, Der kleine Prinz, Düsseldorf 1981.

24

3 Versuchen und Versuchung: „Vaya con Dios"

(Vorletzter Sonntag des Kirchenjahres)

Predigt am 14.11.2004[1]

Biblisches Motto (Wochenspruch):
„Wir müssen alle offenbar werden vor dem Richterstuhl Christi." (2. Korinther 5, 10)

Alternativ (Wochenspruch des Sonntag Invokavit):
„Dazu ist erschienen der Sohn Gottes, dass er die Werke des Teufels zerstöre." (1. Johannes 3,8b)

EINGANGSLIED
    EG 302, 1-3 (Du meine Seele, singe)

PSALM 96 [738]

EINGANGSGEBET
    „Herr, unser Gott,
    wir danken dir für diesen Morgen,
    für die Gemeinschaft untereinander
    und für einen neuen Tag unseres Lebens.
    Einige von uns bringen ihre Freude mit.
    Sie klingt noch nach.
    Gott sei Dank.
    Andere sind traurig.
    Kommen nicht zurecht.
    Spüren Schuld und stoßen an ihre Grenzen.
    Sie klagen dir ihre Not.

---

1 Die Predigt stand im Rahmen einer Predigtreihe zum Thema: „Führe uns nicht in Versuchung, sondern erlöse uns von dem Bösen". Sie passt allerdings ebenso gut zum Evangelium des Sonntags Invokavit.

Leuchte unser Dunkel aus.
Nimm die Last von unserer Seele
und sprich uns frei."[2]

SCHRIFTLESUNG
Matthäus 4, 1-11 (Evangelium des Sonntags Invokavit)

Weitere biblische Bezüge:
Psalm 22, 4; Levitikus 19, 2

LIED VOR DER PREDIGT
EG 611, 1-3
(Ich lobe meinen Gott, der aus der Tiefe mich holt)

PREDIGT

Liebe Gemeinde,

drei Mönche machen sich auf den Weg zu ihren Brüdern im Glauben nach Norditalien. Es bleibt ihnen keine andere Wahl: der Abt hatte soeben das Zeitliche gesegnet, und das Kloster mit ihm. Es war wirtschaftlich nicht mehr zu halten. Mit ihren alten Sandalen an den Füßen, der Kutte um den Leib, einer Ziege für alle Fälle am Seil und einer Landkarte, auf der weder Autobahnen noch Bahngleise verzeichnet sind, brechen sie auf. Im Gepäck haben sie die alte Ordensregel der Cantorianer. Ihr zufolge gilt der Gesang und das Musizieren unter den Menschen als höchste Form des Gotteslobes. Diese alte Ordensregel zu den anderen verbliebenen Cantorianern zu bringen: das ist ihr Auftrag, das Vermächtnis ihres Abts.

Auf dem Weg erliegen nun alle drei Mönche der Versuchung, ihrem Auftrag untreu zu werden. Alle drei freunden sich mit dem Leben auch außerhalb des Klosters an. Der eine, der noch zu jung war, als dass er sich selbst hätte für ein Leben in mönchischer Zucht schon entscheiden können, verliebt sich in eine junge Frau. Sie trifft die im Straßenverkehr orientierungslosen und der modernen Welt fremden Wanderer unterwegs und nimmt sie in ihrem Sportwagen mit. Der andere, im Alter von 14 Jahren aufgrund eigener Entscheidung ins Kloster ge-

---

2   Engelsberger, Gebete für den Gottesdienst, 80.

kommen, kehrt bei sich bietender Gelegenheit ohne Umschweife in das ländliche Leben zurück, dem er entwachsen war. Die naturnahe und in den materiellen Lebensbedingungen verwurzelte, einfache, aber selbständige Existenz auf dem Hof fasziniert ihn. Der dritte und älteste verleugnet den Gehorsam, die Ordensregel geradewegs nach Italien zu bringen, als ihm von jesuitischen Oberen der Zugang zu handschriftlichen Partituren eröffnet wird. Der Reiz, in wissenschaftlichen Forschungen Erfüllung zu finden, ist in diesem Moment stärker als die Standfestigkeit in der übernommenen Pflicht.

Liebe Gemeinde, drei Mönche machen sich auf den Weg aus der Abgeschiedenheit ihrer klösterlichen Existenz in eine schnelllebige, bunte, an Chancen reiche und von Interessengegensätzen gezeichnete moderne Gesellschaft. Sie tun dies notgedrungen. Doch eben so werden sie zu Zeitgenossen eines offenen Lebens, in dem auch sie von der Versuchung versucht werden. Der Film lässt Lebenswelten aufeinander treffen, die unterschiedlicher kaum sein könnten. Doch er bewertet sie nicht, als wäre entweder der ständige Wechsel, wie er für die moderne Gesellschaft so charakteristisch ist, nur positiv zu beurteilen. Oder als wäre die weltfremde Abgeschiedenheit des mönchischen Lebens, in der man sich vor allem der Musik als Gotteslob widmet, eine zu empfehlende Alternative. Die Pointe des Films liegt anderswo. Sie ist eben da zu suchen, wo Menschen von einer Lebenswelt in die andere hinübergehen, und auf diese Weise zu anderen werden. Sie erfahren eine Vertiefung in ihrem Selbstverständnis und finden zu dem Grund, der ihr Dasein trägt.

„Vaya con Dios" stellt die Versuchung als einen *Versuch* dar. Wir müssen manches versuchen, mit uns selbst experimentieren, uns selbst ausprobieren, um klarer zu sehen, was uns betrifft und wozu wir da sind. Wer unsichtbare Grenzen von einer Lebenswelt in die andere überschreitet – und wer überschreitet sie heute nicht – , der gerät in solche Versuchung. Wer in seiner gewohnten Alltagswelt verbleibt, macht diese Erfahrung nicht. Das meiste beruht dann unhinterfragt auf sich selbst. Es ist selbstverständlich. Erst wer den Standpunkt wechselt, wird beginnen, das Selbstverständliche als gar nicht mehr so selbstverständlich zu nehmen, wie es bisher schien. In der Reibung mit anderen Lebenswelten wird das bisher Unhinterfragte zur Frage. Die Mönche machen diese Erfahrung, aus dem Gewohnten und aus sich selbst herauszugehen, um sich am bisher Unbekannten zu *versuchen*. An die Schnelligkeit der heutigen Verkehrmittel gewöhnen sie sich bald. Sehr schön ist aber dieser Aspekt des *Versuchens* in der Szene dargestellt, in der die Mönche auf der Rückbank des Sportwagens sich über die Musik unterhalten, die die junge Frau am Steuer in den Kassettenrekorder eingelegt hat. Deutlich wird dieser Aspekt des Versuchens auch, als der jüngste Mönch sich auf einer Party mit ihm bisher unbekannten alkoholischen Getränken übernimmt.

Dass wir mit uns experimentieren müssen, scheint heute eine Selbstverständlichkeit zu sein. In diesem Sinne verfremdet der Filmtitel auch die Bitte des Vaterunsers: „Und führe uns in Versuchung", lautet er. So ist die Versuchung als ein Sich-Einlassen auf die Situation zu verstehen, die sich bietet oder gar nicht mehr vermeidbar ist. So ist sie zu verstehen als das Wagnis, in dem wir nicht alles schon kennen, ohne es ausprobieren zu müssen. Als ein Aus-sich-Herausgehen, durch das wir mehr finden können als das Gewohnte, mehr auch als uns selbst – anderes, in Auseinandersetzung mit dem wir vielleicht auf eine neue Weise unserer selbst bewusst und gewiss werden können. Ist das aber der Sinn des Gebetes? Besteht er nicht darin, in der Versuchung bewahrt zu werden vor dem Bösen, wie immer wir es genauer zu verstehen haben? In der Tat lautet die Bitte des Vaterunsers, die der Filmtitel verfremdet: „Und führe uns nicht in Versuchung, sondern erlöse uns von dem Bösen."

Das Vaterunser verknüpft die Frage nach dem Bösen mit der menschlich, allzu menschlichen Erfahrung, in Versuchung zu geraten. Dadurch verlieren unsere menschlichen Versuche, unser Leben in die Hand zu nehmen, ihre unschuldige Selbstverständlichkeit. Wer mit sich selbst experimentiert und sich selbst in seinem Verhältnis zur Welt und zu den anderen ausprobiert, begibt sich nicht nur in ein Spiel, sondern macht Ernst mit seinen Möglichkeiten. So aber steht es auf dem Spiel, ob er der in seiner Lebensgeschichte authentische Mensch bleiben kann, der seinem Gesicht auch morgen noch im Spiegel möchte begegnen können. In diesem Ernst, in dem der Mensch mit seinen Möglichkeiten spielt, kann es Gelingen und Scheitern geben. Hier lauern Gefahren für sich selbst und für die anderen.

In der Versuchung als unserem *Versuch*, das Leben zu gestalten, wird das Böse in eine bestimmte Perspektive gerückt: es ist ein subjektives Phänomen. Es kommt aus dem Menschen selbst. Es betrifft sein Selbstverhältnis (und so betrifft es dann auch das Verhältnis zu den anderen). Es entsteht eben dann, wenn Menschen ihren Versuchungen erliegen, und die zeigen sich in einer dreifachen Gestalt sowohl in der Versuchungsgeschichte Jesu, die wir vorhin in der Schriftlesung gehört haben, als auch im Film. Hätte Jesus aus Steinen Brot gemacht, so wäre er in die Versuchung gefallen, die materielle Grundlage des Lebens wichtiger zu nehmen als die geistige bzw. geistliche. Hätte er sich zum König über die Welt machen lassen nach der Weise, wie David ein König gewesen ist, so hätte er sich als Akteur in das Spiel der Machtinteressen begeben – das aber entsprach nicht seiner Berufung. Und hätte er sich schließlich von der Zinne des Tempels gestürzt, so hätte er mehr auf die Wirkung von Wundern vertraut als es seiner Lebensaufgabe gut getan hätte. In allen drei Versuchungen wäre er sich selbst als wahrer Mensch untreu geworden. Anschaulich sind diese drei Möglichkeiten in der Geschichte von der Versuchung Jesu in Szene gesetzt. Auch hier ist das Böse als ein subjektives Phänomen im Blick. Jesus widersteht ihm dreimal. So hat er das Böse auf die Weise besiegt, auf die Menschen es besiegen können.

Auch im Film streifen die Mönche das Böse in zweideutigen Situationen, doch sie erliegen ihm jedenfalls nicht letztlich. Worin aber besteht ihre Versuchung im Versuch? Der Film deutet eine Antwort an, indem er auf die Ordensregel der Cantorianer verweist. Im Gotteslob wird eine Sphäre der Heiligkeit gegenwärtig, aus der die Mönche den Sinn ihres Lebens schöpfen. Hier liegt der Ursprung des Lebens: beim heiligen Gott, der „über den Lobgesängen Israels" – und wir dürfen ergänzen – auch über den Gesängen der christlichen Gemeinde thront (Psalm 22, 4). Diese Erfahrung des Heiligen ist ohne Bild, auch im Film nur durch den *soundtrack* wahrnehmbar, erlebbar im Zusammenklang der Stimmen, ihrer Harmonie. Aus dieser Quelle des Lebens beziehen die Mönche denn auch die Orientierung in der bunten Vielfalt der Chancen, die sich ihnen auf dem Weg bieten. Im gesungenen Choral werden sie sich des Auftrags erneut bewusst, den sie übernommen haben. Und sie erfahren einen Zusammenhang, der für die gelebte Religion aus den Quellen der Bibel immer schon elementar war: „Ihr sollt heilig sein, denn ich bin heilig", heißt es im 3. Buch Mose (Levitikus 19, 2).

Auf diesen Zusammenhang von Gotteslob und Lebenspraxis sprechen wir immer schon an, wenn wir beten. Er muss aber bewährt werden, und wie das geschehen kann, zeigt der Film auf eine humorvolle Weise. Grenzen zu überschreiten kann das Leben bereichern und den Horizont der Erfahrung erweitern. Ja mehr noch: wer nicht bereit und in der Lage ist, seinen Standort zu wechseln und die Perspektive zu verändern, wird in den erforderlichen Lernprozessen zurückbleiben. Auch nicht mehr weiterlernen zu wollen und sich auf anderes nicht einzulassen, kann eine Versuchung sein. Demgegenüber schärft der Film den Sinn für neue und andere Möglichkeiten.

Das wird an der Gestalt des jüngsten Mönchs besonders deutlich dargestellt. Er findet auf der Irrfahrt zu einem neuen, ja zu seinem selbst gewählten Leben. In der Begegnung mit der jungen Frau wird ihm klar: auch wenn die Gemeinschaft mit den anderen Mönchen ihm wie eine Familie ist, kann das ehelose Leben in Keuschheit seine Sache in Zukunft nicht mehr sein. Und so trifft er die Entscheidung, den Brüdern Adieu zu sagen. Er sucht sein Glück in der Liebe, die er gekostet, nachdem er allerdings mit den anderen seinen Auftrag erfüllt hatte. Für ihn ist das keine Untreue gegen sich selbst. Denn er hatte sich nie eigentlich für das mönchische Leben entschieden.

Und so wird an der Gestalt des jüngsten Mönchs etwas allgemeines deutlich: Erst durch Versuchungen hindurch, die in unseren Versuchen stecken, werden wir, was wir sind. Wir müssen mit uns selbst experimentieren, uns selbst ausprobieren, um uns zu bewähren oder um klarer zu sehen, was uns betrifft und wozu wir da sind. So ist es ja auch in der biblischen Versuchungsgeschichte: Jesus wird zu dem, was er ist, durch die Versuchung hindurch. In der Versuchung wird jeder mit sich selbst konfrontiert: mit dem, was er ist, und mit dem, was er sein kann. Aber auch mit dem, was er lieber bleiben ließe. Nicht alle bestehen in den Gefahren der Versuchung.

Es sind bestimmte Möglichkeiten des Bösen, die hier lauern und von denen erlöst zu werden wir bitten. Nicht die Selbstwahl ist böse, als könnten Eltern, Lehrer oder die Kirche dem einzelnen vorgeben, was er zu sein hätte. Das muss jeder selbst erkennen. Nicht die eigene Entscheidung aus Freiheit ist böse. So konnte man nur denken in Zeiten, als es noch keine oder eine allzu begrenzte Freiheit gab. Der Film geht davon aus: Auch vom Baum der Erkenntnis zu essen ist nicht böse. Aber wenn einer weiß, wohin sein Weg führt, wenn einer sich entschieden hat, was er in seinem Leben sein will, und wenn einer weiß, dass er das auch sein kann, dann wird er sich selbst treu bleiben müssen. Denn wir sind zeitliche Wesen und müssen Entscheidungen treffen. Und damit schränken wir selbst die Möglichkeiten ein.

Noch einmal: Nicht das Essen vom Baum der Erkenntnis ist schon böse, wohl aber die Verwirrung der Verhältnisse nach dem Genuss der bisher unerreichbaren Frucht. Der Film führt eine solche Verwirrung am Beispiel des dritten, des ältesten Mönchs vor. Für die Versuchung im Versuch ist er die exemplarische Gestalt. Sein früherer Studienkollege macht sich seine Vorliebe für alte Handschriften und Partituren, seine Lust an der Wissenschaft zunutze. So wird der dritte Mönch zur leichten Beute eines kirchlichen Machtinteresses, das sich am liebsten jeder Erinnerung an die ketzerischen Cantorianer entledigen würde. Was hier verwirrt wird im Interesse kirchlicher Macht, ist erst durch die Solidarität der Brüder im Gesang wieder zu entwirren. Hier richten sie sich gemeinsam im Gotteslob auf den Schöpfer und Erhalter ihres Lebens aus. Und vor ihm, den sie im Gesang anrufen, kehren sie um auf den Wegen, in die die Versuchung sie geführt hatte. In der Schönheit des mehrstimmigen Chorals wird das Krumme gerade. In diesem Symbol wird auch der einzelne seiner Bestimmung wieder gewiss.

Eine Schlüsselszene für meine Deutung des Films ist ein kurzes Gespräch zwischen dem ältesten und dem jüngsten Mönch, als sie durch den Garten des Bauernhofes spazieren, auf dem der mittlere Mönch am liebsten geblieben wäre. *Man müsse wissen, was man wolle. Man müsse wissen, ob man Mönch sein wolle oder nicht,* antwortet der Ältere auf die an ihn gerichtete Frage. Er selbst, der dem andern einen guten Rat gibt, befolgt diesen dann aber selbst nicht. So erliegt er seiner Versuchung. Nicht nur versucht er etwas bisher Unversuchtes, sondern er wird auch den eigenen Grundsätzen aus Schwäche untreu. Das Erforschen alter Partituren ist ja völlig legitim. So legitim, wie einen Bauernhof zu bewirtschaften und hier der Mutter zu helfen, die mit der Arbeit allein überfordert wäre. Doch darum geht es im Film nicht. Vielmehr kommt es darauf an, wie wir Sinn in unserem Leben finden und bewahren können. Denn wer sich selbst und seinen Überzeugungen nicht treu bleibt, gefährdet die von außen, von anderen gar nicht zu ersetzende Grundlage im eigenen Selbst, die Sinnfrage für sich zu beantworten. Das Böse hat seine Wurzeln auch „in menschlicher Orientierungsnot und Verwirrung", hat der Philosoph Dieter Henrich geschrieben. Der Film „Vaya con Dios" hat dieses Thema aufgegriffen, durchgestaltet und variiert. Er hat es gebündelt in der 7. Strophe des Chorals „Wer nur den lieben Gott lässt walten". Dort heißt es: „Sing, bet und geh auf Gottes Wegen, / verricht das Deine nur getreu / und trau des Himmels reichem Segen, / so wird er bei dir werden neu. / Denn welcher seine Zuversicht / auf Gott setzt, den verlässt er nicht."

Lasst uns zu Gott beten, dass wir in den Versuchen unseres Lebens nicht der Versuchung erliegen, sei es aus Schwäche, aus Selbstgerechtigkeit, aus Machtstreben. Und der Friede Gottes, der höher ist als alle Vernunft, bewahre unsre Herzen und Sinne in Christus Jesus. Amen.

LIED NACH DER PREDIGT
EG 369, 1.4.5.7 (Wer nur den lieben Gott lässt walten)

FÜRBITTENGEBET

Herr, unser Gott,
bei dir ist die Wahrheit,
bei dir ist die Quelle des Lebens,
in deinem Licht sehen wir das Licht.
Wir danken dir, dass du uns mit deinem Licht leuchtest,
dass du uns zur Quelle führen,
dass du uns wahr machen willst.
Wir preisen dich und lobsingen dir.

Dennoch finden wir manches Dunkel vor.
Was uns zum Leben dient, sehen unsere Augen
nicht gleich.
Auch deine Wahrheit müssen wir suchen.
Manches müssen wir versuchen, mit uns selbst
experimentieren,
uns selbst ausprobieren,
um klarer zu sehen, was uns betrifft.
Uns so geraten wir zuweilen in Versuchung.

Wer seinen Weg gefunden hat,
kann Gefahr laufen, abzuweichen
und die Treue sich selbst gegenüber zu verleugnen.

Sei es aus Unwissenheit,
sei es aus Schwäche,
erliegt er seiner Versuchung.
Das Böse hat seine Wurzeln
auch in menschlicher Verwirrung und Orientierungsnot.

Und so bitten wir dich:
Sende dein Licht und deine Wahrheit,
dass sie mich leiten zu deiner Klarheit,
und ich dir danke, dass du mich liebst.

VATERUNSER

SCHLUSSLIED
EG 626, 1-4 (Manchmal kennen wir Gottes Willen)

SEGEN

Literatur

H. Cohen, Religion der Vernunft aus den Quellen des Judentums, Wiesbaden 1978, 444 [Vorschlag zur Übersetzung des Gebets: „Lass uns nicht kommen in Versuchung"]. D. Henrich, Bewusstes Leben. Untersuchungen zum Verhältnis von Subjektivität und Metaphysik, Stuttgart 1999, 203. M. Theunissen, Selbstverwirklichung und Allgemeinheit. Zur Kritik des gegenwärtigen Bewusstseins, Berlin/New York 1982, 1-15, bes. 6f. Weiterführende Literatur: E. Lévinas, Die Versuchung der Versuchung (Zweite Lektion), in: Ders., Vier Talmud-Lesungen, Frankfurt a.M. 1993, 57-95. H. Luther, Schwellen und Passagen. Alltägliche Transzendenzen, in: Ders., Religion und Alltag. Bausteine zu einer Praktischen Theologie des Subjekts, Stuttgart 1992, 212-223.

4 Worauf es im Leben eigentlich ankommt: „Wie im Himmel"
(Sonntag Sexagesimae)

Predigt am 11.2.2007

Biblisches Motto (Wochenspruch):
„Heute, wenn ihr seine Stimme hören werdet,
verstockt eure Herzen nicht." (Hebräer 3, 15)

EINGANGSLIED
EG 452, 1-3 (Er weckt mich alle Morgen)

PSALM 103 [742]

EINGANGSGEBET

> „Du kommst zu den Verlorenen,
> und sie richten sich auf.
> Du kommst zu den Kranken,
> und sie werden heil.
> Du kommst zu den Verurteilten,
> und sie werden frei.
> Du kommst zu den Querdenkern,
> und sie richten gerade, was krumm ist.
> Du kommst zu den Elenden,
> und sie finden eine Heimat.
> Du kommst zu deiner Kirche,
> und sie bricht auf.
> Du kommst zu uns,
> und wir leben."[1]

1   Engelsberger, Gebete für den Gottesdienst, 51.

34

Markus 4, 26-33
  Weitere biblische Bezüge:
  Psalm 130, 1; Römer 15, 7

LIED VOR DER PREDIGT
  EG 302, 1.3.4 (Du meine Seele, singe)

PREDIGT

Liebe Gemeinde,

„wie im Himmel" heißt der Film, der gestern hier zu sehen war. Zuerst und vor allem scheint er sagen zu wollen, worauf es im Leben eigentlich ankommt. Gezeigt wird die letzte Lebensphase eines hochbegabten Musikers, Daniel mit Namen, der es in jungen Jahren zu Ruhm brachte, in der Mitte des Lebens aber wegen einer Herzschwäche seine Karriere abbrechen muss. Mit der Krankheit stellt sich ihm diese existentielle Frage. Und so macht er sich auf den Weg zurück in seine Kindheit. Auf der Suche nach seinen Wurzeln fährt er aus dem warmen, sonnigen Italien, aus Mailand, in den eiskalten Winter Schwedens, um dort ein neues, ursprüngliches Gefühl seiner selbst zu finden. Er läuft barfuß durch den Schnee und empfindet die Kälte. Er heizt das leer stehende Schulhaus, in dem er Wohnung genommen hat, mit Holz, und genießt die wohlige Wärme, die so entsteht. Er lernt Fahrrad zu fahren, trainiert seine Ausdauer und hat Erfolgserlebnisse auch in diesem Lebensbereich, der vorher brach lag. Genial war er gewesen, und ist es im Musikalischen immer noch. Doch die Kehrseite seiner Genialität war eine Einseitigkeit gewesen, ohne das innere Gleichgewicht, das er nun sucht. Von früher Kindheit an hatte er es auf seinem Instrument zur Perfektion gebracht. Und sein musikalisches Empfinden hatte sich mit höchster Intensität die Welt der Klänge, Rhythmen und des Zusammenspiels untertan gemacht. So aber schwebte er gleichsam über dem Alltag, über der Normalität, ohne rechte Bodenhaftung gewonnen zu haben.

Daniel lässt sich auf die Elemente der Welt ein. Tief atmet er die klare Luft ein in der Weite des Himmels, er berührt die Erde, auf die er – als Lehrling im Radfahren – immer wieder fällt, er taucht ein in das Wasser der Seen der Umgebung und wärmt sich am Feuer des Ofens. Zugleich wird er eingebunden in ein Netzwerk menschlicher Beziehungen in dem Dorf seiner

Kindheit. Das neu gewonnene Gefühl seiner selbst wird gefördert durch den Kirchenchor, dessen Leitung er übernimmt. Doch weder der Pfarrer noch der gewalttätige Ehemann einer Sängerin heißen gut, was der Musiker von Weltrang aus den so unterschiedlichen, natürlichen Stimmen des dörflichen Chores zu machen versteht. Auf dem Gipfel seines Ruhmes hatte er alles Nicht-Perfekte verachtet. Nun lernt er, auch das Kleine und Unvollkommene zu achten.

So ist dies nicht nur ein Film über den gewonnenen Sinn und die Freude am Leben im Angesicht des Todes. Es ist auch ein Film über die Gesellschaft sehr unterschiedlicher Menschen, die sich nicht selbstverständlich verstehen. Der Kirchenchor wird dargestellt als eine Welt im Kleinen, in der der einzelne seine Besonderheit zu leben lernt, weil nur so – aus dem gemeinsamen Ausdruck der je einzelnen Stimme – ein voller, lebendiger Zusammenklang hervorgehen kann. Daniel kommt, um zuzuhören. Den Grundton will er erkennen, den jeder und jede einzelne hat. Nur so, wenn jeder einbringen kann, was er vermag, kann im Chor eine Balance entstehen. Und so wird der Gesang zum Gärstoff gruppendynamischer Prozesse. Manch alte Konflikte brechen auf, doch sie können geheilt werden: So ist es mit dem Schmerz über jahrzehntelange Sticheleien, so ist es mit lang unterdrückten Empfindungen und verdrängten Einsichten. Daniel hatte lebenslang nach einer Musik gesucht, die die Herzen der Menschen öffnen könnte. Nun hat er sie im Chorgesang gefunden, und der wird zum Gleichnis für ein gelingendes Miteinander unter den Menschen.

Eben so sagt der Film etwas Biblisches, etwas Evangelisches: Es kommt im Leben darauf an, ein ganzer Mensch zu werden, bestehend eben nicht nur aus den besonderen Fähigkeiten, die zur Perfektion gebracht werden können. Sondern ein ganzer Mensch zu werden heißt, mit den anderen Gemeinschaft zu erleben. Mein Ich kann für sich bleiben, und zuerst und vor allem nach der je eigenen Selbstverwirklichung streben. Doch das ist nur eine Dimension menschlichen Lebens. Die anderen öffnen sich erst, wenn das Ich einem Du wirklich begegnet. Menschliches Leben kann in der Gemeinschaft ganz werden.

Daniel zieht in die alte Volksschule des Dorfes ein und macht mit dem Chor eine Schule des Lebens durch. Hier entsteht ein *Wir*-Gefühl, das sich aber unbewusst, ungewollt von den anderen unterscheidet. Und damit ist eine zweite Frage gestellt, auf die der Film eine Antwort sucht. Wie können Menschen Gemeinschaft erfahren, ohne dass Neid und Aggression aufkommen, Aggression, die aus der Enge der Angst entsteht? Auch im Chor selbst gibt es Disharmonien. Die frühere Chorleiterin kann und will sich den neuen Chancen nicht öffnen. Nachdem sie es eine Weile versucht hat, trifft sie eine Entscheidung: Dieser neue Chor kann ihre Sache nicht mehr sein. Sie singt nicht mehr mit. Insgesamt ist das hier entstehende Gefühl der Gemeinschaft aber so stark, dass auch Behinderungen einbezogen werden können. Stark genug ist es, um Beziehungen zu erneuern, nachdem alte Konflikte geklärt werden konnten. Stark genug ist es, zuzulassen, dass Einzelne in der Lage sind, solo zu singen. Der Text dieses Solo-Gesangs bringt zum Ausdruck, was die ganze Gruppe erfährt: „Ich will spüren, dass ich lebe, jeden Tag meines Lebens".

Doch während der Chor es insgesamt schafft, die Unterschiede zu integrieren, treten Spannungen mit der Außenwelt auf. Daniel und der Chor bieten sich für manch andere als Projektionsfläche an. Vorwürfe werden erhoben, die aus einem selbst ungelebten Leben erwachsen. Weil er seiner Frau die Entwicklung ihrer Fähigkeiten nicht gönnt, wird einer der Männer gewalttätig. Zu Hause wird das Leben für die Frau unerträglich, und sie findet Asyl im Chor, ja in der Gruppe der Singenden tut sich für sie während ihres Solos einen Moment lang der Himmel auf. Hier darf sie so sein, wie sie ist.

Angst und Neid lassen auch den in seiner eigenen Dogmatik und Moral befangenen Pfarrer aggressiv werden. Die traditionelle Ordnung hatte ihm Sicherheit verschafft. Doch in den Zwängen dieser Ordnung war das Leben abgestorben. Die jenseitige Welt, all das, was die kirchliche Tradition mit ewigen Werten, göttlichen Ordnungen, mit Geboten und Gesetzen repräsentierte, hat sich hier gegen die diesseitige verschworen. Er steht für die dunkle Seite der Christentumsgeschichte, vor allem im Bereich des Erotischen und des Sexuellen Angst erzeugt zu haben. Dieser strenge Pfarrer spricht viel von Sünde und verwechselt sie vor allem mit emotionaler Natürlichkeit: Er ist ein in sich gekehrter Asket, der die Aggressivität, die er gegen sich selbst gewendet hat, in Extremsituationen auch nach außen wirken lässt. Tragisch scheint die Sache für ihn auszugehen: Er kündigt dem Chorleiter, doch als der Chor aus der Kirche ausgezogen ist, ist auch das Leben aus ihr gewichen. An der Beziehung zu seiner Frau, die im Kirchenchor auflebt, wird ein Kampf zwischen der gewonnenen Freude des Geschaffenseins und einer emotional leblosen Strenge gegen sich selbst dargestellt. Der Film zeigt den Bruch und eine zaghafte Geste der Versöhnung, die die Frau nicht gleich anzunehmen bereit ist.

Liebe Gemeinde, dieser Film geht kritisch und konstruktiv mit der kirchlichen Tradition um. Der Chor ist aus der Kirche hervorgegangen, doch diese kann mit dem hier entstehenden neuen Leben nicht umgehen. Und so stellt sich für mich eine dritte Frage: Wie kann der verstellte, oft verborgene Sinn der christlichen Religion neu entdeckt werden? Deutlich genug zeigt der Film: Das Christentum kann an seiner Moral zugrunde gehen, wenn es nicht die Lebendigkeit des Lebens wieder entdeckt wie dieser Kirchenchor. Die Lebendigkeit des Lebens im je eigenen Gefühl seiner selbst und in der Gemeinsamkeit, im Zusammenklang der Stimmen.

Der Weg dahin führt durch das Hören. Wenn Daniel zu Beginn sagt, er sei gekommen, um zuzuhören, dann ist das nicht nur der erste Schritt, um den Grundton jedes einzelnen mit den anderen in eine Balance zu bringen. Es ist auch eine menschliche Antwort auf das Wort der Bibel: „Heute, wenn ihr seine Stimme hören werdet, verstockt eure Herzen nicht." Im Film ist es die Musik, die die Herzen der Menschen öffnet. Auch das ist ein der kirchlichen Tradition eigener, gut bekannter Zusammenhang. Denn wer seine Stimme erhebt und singt, der öffnet sich selbst, der „ruft aus der Tiefe", wie es in einem Psalm heißt. Und wer seine Seele sprechen lässt, zuerst in gesummten Tönen, noch unartikuliert, dann immer artikulierter und präziser im Zusammenklang mit den anderen, der antwortet gewissermaßen auf die Strophe: „Du meine Seele singe, wohlauf und singe schön" (wir haben sie vorhin gesungen). Der Gesang wird als Sprache der Seele hörbar, noch vor allen gesprochenen Worten. Bevor Menschen über die Dinge reden, um sich zu einigen (und selten werden sie immer schon einer Meinung sein), können sie eine gemeinsame Ebene erspüren.

Das Christentum geht an seiner Moral zugrunde, wenn es nicht die Lebendigkeit im Leben des ganzen Menschen wahrnimmt, zulässt und integriert. Das scheint mir ein Fazit dieses Films zu sein. Es lässt sich noch einmal genauer beschreiben, wenn man sich die Gestalt des Mädchens an der Kasse im Lebensmittelladen, Lena, als Gegenbild zum strengen Pfarrer vor

Augen führt. Lena steht für die leibliche Natürlichkeit eines jungen weiblichen Lebens auf der Suche nach dem passenden Mann. Enttäuschungen sitzen tief, und das leichte Spiel wechselnder „Freundschaften" – sie verdienen den Namen kaum – ist nur der unangemessene Versuch, die Enttäuschungen zu verwinden. Während der Pfarrer die heilige Ordnung der Ehe verteidigt, aus der Beziehung zu seiner Frau aber das Leben gewichen ist, ist Lena nur an der Oberfläche beliebig in ihren Beziehungen. In der Tiefe sucht sie tragfähigen Halt, und bestätigt damit aus der Suche des Lebens nach sich selbst das Bedürfnis, Intimität zu schützen und Treue zu finden. Eben darin besteht aber ein tiefer Sinn der Ehe.

Sie lehrt den Musiker das Radfahren, das er als Junge nicht gelernt hatte. Denn er hatte alle Zeit an der Geige verbracht. Sogar im sommerlichen Kornfeld hatte er Notenblätter aufgehängt, um zu üben. Das reife Kornfeld steht als Symbol am Anfang und am Ende des Films: als Bild für die natürliche Fruchtbarkeit, für die Fülle des Lebens, für die Erntezeit. Dieser jungen Frau gesteht Daniel am Ende seine Liebe, bevor er sich mit ihr vereint. Dann aber, auf der Höhe des Glücks, erliegt er seiner Herzschwäche.

Was ist die Fülle des Lebens, seine Erfüllung? Es kommt darauf an, ein ganzer Mensch zu werden, über alle Einseitigkeiten hinaus, die der berufliche Erfolg mit all seinen Zwängen als Kehrseite mit sich bringt. Wer sich seiner Endlichkeit bewusst werden muss, der wird diese Fragen stellen. Am Ende des Psalms, den wir vorhin gebetet haben, heißt es: Gott, der sich wie ein Vater über Kinder erbarmt, „weiß, was für ein Gebilde wir sind: er gedenkt daran, dass wir Staub sind." Auf wenigstens zwei Weisen legt der Film diese Worte aus: Der Chor singt mehrmals das Lied „Amazing grace", was so viel heißt wie „erstaunliche, unverhoffte Gnade". Und er beschreibt den Lebenssinn in der Einsicht, dass Menschen sterben müssen. Die Härte dieser Einsicht kann aber leichter werden im Glauben daran, dass es gut werden kann in jedem Leben. Auch für den gewalttätigen Ehemann, der am Ende im Gefängnis landet. Auch für den Pfarrer, der aus inneren Zwängen die Lebendigkeit in seiner Kirche gekündigt hat. Gott will, dass es gut wird. Und es kann gut werden, weil Gott sich des Menschen erbarmt, und das sowohl in der Zeit der Saat, der Blüte, wie auch in der Zeit der Ernte. Menschliches Leben vollzieht sich ähnlich wie das der Natur. Es wird und es vergeht. In der Fülle aber liegt der Trost, und zwar nicht nur in der Fülle des Glücks, die ein einzelner erleben kann, sondern auch in der Gemeinschaft: mit dem Bild vom reifen Kornfeld vor Augen stirbt der Musiker unter dem Lautsprecher, der das harmonische Summen seines Chores überträgt. In diesem Bild vom reifen Kornfeld trifft der erwachsene Mann am Ende den kleinen Jungen mit der Geige wieder. Indem er sich mit ihm versöhnt, hat sich sein Leben erfüllt.

Gott ist ein Liebhaber des Lebens, auch wenn die Moral des Christentums diese frohe Botschaft verdeckt hat. Er will dem ganzen Menschen zu einem Leben in Fülle verhelfen, er will zurecht bringen, was verloren ging. Diese Hoffnung kommt in dem Lied zum Ausdruck, das der Chor zweimal singt: „Amazing Grace, how sweet the sound, that saved a wretch like me. I once was lost, but now I'm found, was blind, but now I see." Zu deutsch heißt das in etwa: „Welch erstaunliche Gnade ist es, angenehm, ja süß, davon zu hören, die einen Elenden wie mich retten kann. Einst war ich verloren, nun aber bin ich gefunden worden, war blind, doch nun sehe ich." Das ist ein treffender Ausdruck der frohen Botschaft. Amen.

LIED NACH DER PREDIGT
EG 660, 1-3 (Wie ein Fest nach langer Trauer)

FÜRBITTENGEBET[2]

Dein Reich komme, Herr,
Dein Wille geschehe
wie im Himmel so auch auf Erden.
Durch dich wird die Welt geschaffen.
Schaffe weiter an ihr.
Die Welt, die deine schaffende Kraft braucht,
ist unser Herz.
Schaffe neu, was du gebildet hast.
Verbinde, was zerfällt.
Wecke, was unfruchtbar ist.

---

2 Formuliert in Anlehnung an eine Vorlage von J. Zink (vgl. Ders., Wie wir beten können, Berlin/Stuttgart 1970, 51).

Verjünge, was alt ist.
Gib uns Augen, das Licht zu sehen.
Gib uns Kraft, Frucht zu bringen
und uns zu freuen mit Leib und Seele.

Löse das Erstarrte.
Mach uns lebendig,
die wir erstarren in Angst.
Gib Mut den Verzagten,
Hoffnung den Niedergeschlagenen,
Freiheit den Verschuldeten,
Glauben allen, die sich nach Glauben sehnen.

Gib den Stummen ein Wort.
Den Liebenden ein Wort der Liebe.
Den Dankbaren ein Wort des Danks.
Den Wahrheitssuchenden ein Wort der Wahrheit.
Gib den Misstrauischen ein Wort des Vertrauens
und allen, die nicht wissen, wie sie dich preisen sollen,
ein Wort, dich zu preisen, Gott.

SCHLUSSLIED EG 188 (Vater unser)

SEGEN

5 Richte unsere Füße auf den Weg des Friedens: „Weites Land"

(Sonntag Reminiszere)

Predigt am 17.2.2008 mit Friedensgebet

Biblisches Motto (Wochenspruch):
„Gott erweist seine Liebe zu uns darin, dass Christus für uns gestorben ist, als wir noch Sünder waren. (Römer 5,8)

EINGANGSLIED
EG 450, 1-3 (Morgenglanz der Ewigkeit)

PSALM 1 [702]

SCHRIFTLESUNG
Matthäus 5, 38-48

Weitere biblische Bezüge:
Römer 12, 21; Exodus 21, 24; Psalm 32, 17;
Genesis 4, 7b; 1. Timotheus 2, 4

EINGANGSGEBET
Allmächtiger Gott, barmherziger Vater,
Wir kommen zu dir
mit unserer Sorge um den Frieden,
mit unserer Sehnsucht nach Gerechtigkeit
und nach Freiheit, in der jeder seinen Weg gehen kann.
Wir danken dir,
dass du ein Ohr hast für das, was uns bewegt,
dass deine Kraft in der Stille wächst,
dass du unsere Füße auf den Weg des Friedens setzen willst.
Komm du nun zu uns,
kehre ein in unsere Gedanken, in unsere Bitten,
und erfülle uns mit neuem Mut, mit neuer Hoffnung.

EG 295, 1-3 (Wohl denen, die da wandeln)

Predigt

Liebe Gemeinde,

immer wieder lassen wir uns anregen, über den bedrohten Frieden in der Welt nachzudenken und dafür zu beten, dass er uns und anderen erhalten bleibe. Denn wie meist in der Geschichte der Menschheit ist er auch heute nicht ohne Bedrohung. Zum Glück können wir hier in Deutschland, zumal im Westen, auf eine lange Phase friedlicher Verhältnisse zwischen den Staaten zurückblicken, auch wenn es gesellschaftlich immer wieder zu Spannungen kam. Aber wir müssen den Blick nur auf Osteuropa wenden, zumal auf das zerfallene ehemalige Jugoslawien, um uns ins Bewusstsein zu rufen: bedroht ist der Friede auch ganz in unserer Nähe gewesen. Schließlich ist uns das Problem des Terrors, mit dem der Nahe Osten schon seit vielen Jahrzehnten zu kämpfen hat, viel näher auf den Leib gerückt, als uns lieb sein kann.

Jedenfalls ist die Dankbarkeit, auf eine lange Periode des Friedens zurückblicken zu können, kein Grund, die Augen zu verschließen vor all dem, was ihn bis heute bedroht. Ich möchte den heutigen Sonntag, an dem wir hier das Friedensgebet halten, zum Anlass nehmen, mit Ihnen darüber nachzudenken. Und ich möchte das tun, indem ich auf den Film eingehe, der gestern hier zu sehen war. Für mich stellt „Weites Land" aus dem Jahr 1958 dar, welche Bedingungen zum Frieden erfüllt sein müssen und was ihn bedroht, wie Menschen sich bemühen, den Frieden zu erhalten, und wie sie dabei Erfolg haben und scheitern können. Immer wieder lässt sich das, was im Film zu sehen ist, auf Einsichten der Bibel beziehen. Ich gehe in fünf Schritten vor, und beginne mit der Gelassenheit des Hauptdarstellers.

I   *„Lass dich nicht vom Bösen überwinden,*
     sondern überwinde das Böse mit Gutem"

Die Geschichte ist einfach: Ein junger Mann von der Ostküste, der zur See gefahren ist und als Rechtsanwalt gearbeitet hat, kommt mit der Pferdekutsche im Wilden Westen an, hart an der Grenze der Zivilisation, wo es das Gesetz schwer hat, sich gegen das Recht des Stärkeren in der Natur und unter den Menschen durchzusetzen. Er kommt, um sich mit seiner Verlobten auf die Heirat vorzubereiten, kennt die Tochter eines wohlhabenden Ranchers aber bisher nur flüchtig und nur von Ferne. Schon auf der Fahrt mit der Kutsche vom Bahnhof zur Ranch am Ende der technisch erschlossenen Welt muss er in den Weiten dieses so urwüchsigen Landes Bekanntschaft mit einer Aggressivität machen, die sich ohne Grund gegen ihn und seine Verlobte richtet. Nur aus teuflischer Freude, andere zu demütigen, um sich selbst angesichts von deren Schwäche stark zu fühlen, wird das junge Paar in seiner Ruhe auf dem Weg gestört und provoziert. Der Mann aus dem zivilisierten Osten bleibt gelassen und nimmt den Zwischenfall hin. Die Tochter des Ranchers, der gewohnt ist, das Recht in die eigene Hand zu nehmen, muss schlucken – ist ihr zukünftiger Gemahl nicht willens oder nicht fähig, sich zu verteidigen, wenn es nötig wird? Der Film entfaltet die Frage, was dem Frieden dient, auch im Spiel der Wünsche und der Projektionen, das zwischen den Geschlechtern seinen Lauf nimmt. Und er fragt weiter: Wie lange kann man sich an den biblischen Rat halten, dem Bösen nicht zu widerstehen, sondern es mit Gutem zu überwinden?

II   „Auge um Auge, Zahn um Zahn"

Auf der Ranch angekommen, wird der Verlobte mit den harten Realitäten eines Lebens konfrontiert, in dem Recht und Gesetz meistens zu spät kommen. Der nächste Sheriff oder Marshall, bei dem man Anzeige gegen die erfahrene Demütigung erstatten könnte, ist weit weg, und noch weiter ist der Weg zum nächsten Richter. Nicht nur, um das Recht in die eigene Hand zu nehmen, reitet der Rancher mit seinen Leuten los, sondern auch in eigenem Interesse – er kennt die Provokateure, handelt es sich doch um den verkommenen Sohn und die Helfer seines langjährigen Konkurrenten um die wirtschaftliche Vorherrschaft in diesem Gebiet. Begleitet wird er von seinem Vorarbeiter, der für den Bräutigam immer mehr in die Rolle des Rivalen gerät, hat er doch schon längst ein Auge auf die Tochter seines Bosses geworfen. Auf der Ranch gilt ein Prinzip, an dem sich schon immer orientiert hat, wer im Kampf um Selbsterhaltung und Selbstbehauptung gegen andere bestehen wollte: Grenzen sind aufzuzeigen und auch zu verteidigen, wenn sie überschritten werden. Das Mittel dazu soll die Einschüchterung, und dann auch die Züchtigung sein. Der Rancher demonstriert seine Stärke und nimmt das Recht zur Vergeltung für sich in Anspruch. Hierbei folgt er allerdings nicht dem mosaischen Gesetz, auch wenn er es zitiert. „Auge um Auge, Zahn um Zahn" – diese biblische Regel will die Rache begrenzen. Die Vergeltung, die der wohlhabende Rancher übt, ist aber alles andere als verhältnismäßig.

III   *Kein Friede ohne eine ausreichende Lebengrundlage für alle, oder: „Der Gerechtigkeit Frucht wird Friede sein."*

Schritt für Schritt erst wird dem Mann von der Ostküste klar, was die Hintergründe für den Konflikt sind, in den er kurz nach seiner Ankunft hineingezogen worden war. In langen Jahren eines Wettkampfes um Weideplätze und Wasser hatte sich sein zukünftiger Schwiegervater durchgesetzt, und nun sucht er seine Position mit allen ihm zur Verfügung stehenden Mitteln auszubauen. Dazu gehört auch, dass er den Herden seines Gegenspielers das Wasser verweigert. Und so verbirgt sich hinter der Frage der richtigen Moral, ob der in seiner Ehre angefochtene Mann vor allem Stärke zeigen muss oder ob seine Kraft sich nicht auch in seiner Schwachheit zeigen kann, die harte Realität der Verteilung der Güter. Ohne Wasser kein Gedeihen der Herden, ohne wachsende Herden kein Verkaufspotential, ohne Verkauf der Rinder kein Wohlstand – für den Unterlegenen im Kampf um strategische Positionen droht die Verarmung.

Erst einmal sucht sich der noch fremde Gast im Westen ein Bild von der Lage zu machen, um sich dann selbst in ihr behaupten zu können. Er wagt es, ein wildes Pferd zu reiten, das ihn mehrmals abwirft. Doch seine Stärke ist das Durchhaltevermögen, er lässt sich nicht entmutigen. Er macht sich auf den Weg in das weite Land, ausgestattet mit einem Kompass, mit dem er als Seefahrer umzugehen weiß. Und zufällig trifft er in der Einsamkeit auf eine dritte Spielerin im Kampf um die Lebensgrundlagen – eine junge Frau, die ihre geerbte, verlassene Farm wiederherstellen will. Wie ein Baum ist sie gepflanzt an Wasserbächen. Hier liegt der Schlüssel, um den Konflikt der

beiden alten Männer auf der Ebene der wirklichen Lebensverhältnisse zu entscheiden. Der Mann aus dem Osten bietet der
Eigentümerin einen guten Preis für das Land, von dem aus die
Wasserversorgung kontrolliert werden kann. Denn er hat einge-
sehen: Nur wenn hier mit dem Augenmaß der Gerechtigkeit
gemessen wird, kann der Friede auf Dauer erhalten werden.

IV   *„Die Sünde lauert vor der Tür, und nach dir hat sie
Verlangen; du aber herrsche über sie."*

Wenn die helle Vernunft die zwischenmenschlichen Konflikte
lösen könnte, so wären wir die meisten Probleme los. Denn wer
Augen hat zu sehen, kann den Schwierigkeiten auf den Grund
gehen. Zu einer Lösung, der alle Vernünftigen zustimmen
könnten, ist es dann nicht weit. Es ist nur ein bisschen Klugheit
erforderlich. Doch als Menschen sind wir nicht nur von der
hellen Vernunft, sondern auch von den dunklen Trieben aus der
Tiefe der eigenen Seele geleitet. Wie leicht setzt sich hier der
Wunsch durch, besser dazustehen als die anderen, und dieser
Wunsch wird leicht zur Habgier. Wie leicht auch setzt sich das
Gefühl des Neides durch, wenn andere das Rennen gemacht
haben und man selbst den Kürzeren zog. Habgier, Neid und
übertriebener Stolz spielen im Film an verschiedenen Stellen
eine Rolle. In der Konkurrenz zwischen dem Verlobten und
dem Vorarbeiter kann die Lage nur durch ein Kräftemessen geklärt werden, das unter Ausschluss der Öffentlichkeit stattfin-
det. Hier wird ein Kampf um Anerkennung ausgetragen, in
dem das Selbstbild des einen sich an der Fremdwahrnehmung
des anderen misst, bis denn die Dinge ins Lot gebracht sind.
Kämpfe um Anerkennung – kennen wir das nicht auch im zivilisierten Bereich unseres alltäglichen Lebens, überall da, wo
Kollegen sich miteinander arrangieren und wo Menschen, die
bestimmte Funktionen übernommen haben, miteinander zu
arbeiten lernen?
   Ein Kampf um Anerkennung findet aber auch statt zwischen
dem Konkurrenten des Ranchers und seinem missratenen
Sohn, dem Provokateur vom Anfang. Wie eine Feder im Wind
lässt er sich treiben von seinen Stimmungen und Begierden,
von Chancen und dem Willen zur Selbsterhaltung an jeder
Regel vorbei. Grenzen des guten Geschmacks oder einer er-
lernten Moral achtet er nicht, auch nicht solche Grenzen, die

andere setzen, um in ihrer Würde nicht gekränkt zu werden (wie die Frau, um die er wirbt, die dritte Spielerin im Kampf um die Lebensgrundlagen). Der Vater kann das nicht mehr mit ansehen. Er stimmt einem geregelten Kampf auf Leben und Tod zu, einem Duell mit dem Mann aus dem Osten, dem hier eine zweite Konkurrenz entstanden ist. Am Ende muss der Vater gegen den eigenen Sohn die Regel durchsetzen.

Schließlich bleibt auch für die beiden verfeindeten Farmer kein anderer Ausweg, als zu einem Arrangement zu finden. Doch der von ihnen gewählte Weg ist nicht die Diplomatie und die Verhandlung, sondern ein Kräftemessen mit den ihnen zur Verfügung stehenden Waffen. Der Film zeigt, welche Opfer dieser Kampf fordert, ruft eben dadurch aber die Frage hervor, ob der Konflikt nicht anders besser zu lösen gewesen wäre. Für diese Möglichkeit steht der Mann aus dem Osten ein. Während er den Showdown auf dem Verhandlungswege nicht hat verhindern können, öffnet sein Landkauf und die Verbindung mit der Frau, die viel besser zu ihm passt als die vormalige Verlobte, den Horizont für ein friedliches Nebeneinander aller Beteiligten.

V   Der Friedenswunsch und die Realität der Konflikte

Liebe Gemeinde, dieser Film passt deshalb so gut zu einem Sonntag, an dem wir um den Frieden beten, weil er unseren Friedenswunsch mit den Realitäten konfrontiert. Es gibt den Frieden nicht umsonst, sondern nur durch stete Anstrengungen hindurch, und diese Bemühungen können auch für diejenigen gefährlich werden, die sie zu ihrer eigenen Sache gemacht haben. Wenn wir den Frieden in unser Gebet nehmen, dann ist zwar der Wunsch eine treibende Kraft, dass die Verantwortlichen in Politik und Wirtschaft klug genug sind und die Belange der anderen wahrnehmen und achten, um den Zugang zu Lebensmitteln allen zu belassen, und auch die Chancen der anderen, ihr Leben in die eigene Hand zu nehmen. Hier ist vieles im Argen, wenn wir die Augen öffnen und uns auf die Realitäten unserer Gegenwart einlassen, weltweit, denn wir leben nun einmal in einer global vernetzten Welt, in der keiner ohne weiteres mehr das Leben eines vom Rest abgegrenzten Insulaners oder Farmers führen könnte.

Aber das Gebet ist auch eine Schule unseres Wünschens, nach der Grundschule der Wahrnehmung der Realität nun die höhere Schule des Glaubens. Wer betet, lässt sich darauf ein, dass unser Wunsch seine Grenze am guten Willen Gottes findet. „Gott will, dass allen Menschen geholfen werde", heißt es im 1. Timotheusbrief (2, 4). Wie diese Hilfe aber aussieht, wenn wir die Freiheit und die Verantwortung des einzelnen einbeziehen, ist an Gottes guter Weisung zu sehen – an den Grundregeln biblischer Ethik, wie sie in den 10 Geboten zusammengefasst sind. Wir können den Frieden nicht allein machen, denn es braucht das Einverständnis der Beteiligten, damit Friede wird und Friede bleibt. Und dieses Einverständnis bedarf einer gemeinsamen Orientierung, die zwischen den Menschen immer wieder neu gesucht werden muss. Das ist im Kleinen schon so, und im Großen nicht anders. Hoffen wir, dass auch in Zukunft eine ausreichende Zahl von Menschen sich auf diesen steinigen, zuweilen auch gefährlichen Weg macht, und das nicht nur in den Konflikten zwischen streitenden Parteien im Nahbereich, sondern auch in den Konflikten, die zwischen großen Interessen und kulturellen Unterschieden drohen. Amen.

LIED NACH DER PREDIGT
EG 649, 1-3 (Herr, gib mir Mut zum Brückenbauen)

FÜRBITTENGEBET[1]

Lasset uns den Herrn anrufen,
um seine Gerechtigkeit,
dass sein heilsames Recht allen Menschen zuteil wird,
und die Leidenden aus ihrem Elend befreit werden,
um seine Barmherzigkeit,
dass wir Gnade finden für unser Leben
und Erbarmen lernen mit uns und mit den anderen,
um seine Liebe,
dass wir Liebe erfahren und Liebe üben,

---

1 Formuliert in Anlehnung an Gebete von M. Josuttis (Ders., Über alle Engel. Politische Predigten zum Hebräerbrief, München 1990, 116f).

dass die Gewalt nicht um sich greift
und wie ein fressendes Gift
den Frieden des Gemeinwesens zerstört,
lasset uns zum Herrn rufen:
Erhör uns, lieber Herr und Gott.

Lasst uns beten für alle,
die sich ohnmächtig fühlen,
und die Schritte nicht gehen wollen,
die sie gehen können,
für die, die sich ihren Allmachtswünschen überlassen,
ohne Blick für die eigenen Grenzen,
ohne Blick für die Belange anderer.
Dass sie ihre Selbständigkeit finden und wahren,
verantwortlich sich selbst, den anderen und Gott.
Lasset uns zum Herrn rufen:
Erhör uns, lieber Herr und Gott.

Für alle, die besondere Verantwortung tragen,
für die Regierungen,
die Entscheidungen von großer Tragweite zu treffen haben,
für die Minister und Politiker,
die sich um die Sicherheit unseres Gemeinwesens sorgen,
für die Journalisten,
von deren Arbeit wir in unserem eigenen Urteil abhängig
sind,
dass ihr Handeln nicht von der Angst regiert wird,
sondern von klarem Verstand und Besonnenheit,
lasset uns zum Herrn rufen:
Erhör uns, lieber Herr und Gott.

Lasst uns den Herrn anrufen
für Jerusalem, die hochgebaute
und blutig umkämpfte Stadt,
in der Menschen unterschiedlichen Glaubens leben,
Symbol der Religionen und Wohnort von Juden,
Muslimen und Christen,
dass nicht der Kampf der Kulturen sich entlade,
sondern in gegenseitiger Anerkennung der Frieden
bewahrt werde,
lasset uns zum Herrn rufen:
Erhör uns, lieber Herr und Gott.

Der du Gerechtigkeit willst auf Erden,
Du Retter und Erlöser der Menschen,
hilf allen, die in Not und Gefahr sind:
tröste die Bekümmerten und Angefochtenen,
sei den Einsamen nahe und unterstütze das Alter,
sei der Waisen und Witwen Beistand,
und ein Versorger der Armen,
ein Halt derer, die ihre irdische Heimat verloren haben,
pfleg auch die Kranken, denen die Hände gebunden,
und die nicht mehr fähig sind zu vollbringen,
was sie sich vorgenommen haben.
Wir bitten dich:
Erhör uns, lieber Herr und Gott.

VATERUNSER

SCHLUSSLIED
EG 425, 1-3 (Gib uns Frieden jeden Tag)

SEGEN

6 Über den Lebensmut, der aus Verzweiflung wächst: „Cast Away"

(Sonntag Reminiszere)

Predigt am 12.3.2006

Biblisches Motto:
„Meine Zeit steht in deinen Händen."
(Psalm 31, 16a); Jona 2, 7b

EINGANGSLIED
EG 455, 1-3 (Morgenlicht leuchtet)

PSALM 69 [736]

EINGANGSGEBET
„Du, Gott, willst
dass es Tag werde in unserem Leben.
Du leuchtest unseren Weg aus,
damit wir sicher gehen.
Wir haben es eilig,
verlieren die Geduld,
suchen auf eigene Faust,
machen unsere Pläne ohne dich
und verlaufen uns.
Lass uns nicht ins Leere laufen.
Halte uns auf.
Übe mit uns Geduld und Stille.
Und führe uns nicht in Versuchung."[1]

SCHRIFTLESUNG Jona 2, 1-11
Weiterer biblischer Bezug: Genesis 8, 21

---

1 Engelsberger, Gebete für den Gottesdienst, 25.

Predigt

Liebe Gemeinde,

wir haben in der Schriftlesung das Gebet des Jona gehört – es könnte auch das Gebet von Chuck Noland sein, dieses von Tom Hanks grandios gespielten Hauptdarstellers in der modernen Robinsonade, die gestern Abend hier mit „Cast Away" zu sehen war. „Verschollen" heißt der deutsche Titel. Chuck wird zwar von keinem Fisch verschluckt, aber wie Jona wird er infolge eines Sturms ins Meer geworfen. Wie Jona gerät er – als einziger Überlebender eines Flugzeugabsturzes – in eine völlige Einsamkeit: abgeschieden von aller Welt, allein mit sich und den Naturgewalten. Und die begegnen in Gestalt des Meeres. Für die Menschen des Alten Testaments war das ein Zeichen der *Urflut*, bedrohlich, von Menschenhand nicht zu bändigen. Mächte und Gewalten sind das, über die nur Gott gebieten kann. Doch ganz ausgeliefert ist auch der Mensch nicht. Techniken, Ausdauer, Beharrlichkeit können dahin führen, dass er sich diese Gewalten zunutze macht. Das war schon zur Zeit des Jona so, der sich in Jaffa einschiffte. Und das ist zur Zeit von Chuck so, der vom Zufall einer Katastrophe betroffen wird und nun auf der einsamen Insel das Überleben üben muss, bis er denn mit einem Floß das offene Meer erreicht. Und als er erschöpft auf den Baumstämmen liegt, die er mit Videoband zusammengebunden hat, sieht man einen Moment lang einen großen Walfisch im Hintergrund auftauchen. Der erinnert an den Propheten Jona und kündigt das Container-Frachtschiff an, das den Verschollenen retten wird. Auf biblischem Hintergrund ist dieser Fisch ein Symbol dafür, dass gute Mächte den Menschen wunderbar bergen, auch wenn in den Stürmen des Lebens alle Sicherheiten verloren gehen.

Gewiss: Nur im Kontrast taugt dieser Vergleich. Denn es liegen Welten zwischen dem Propheten Jona und dem hektischen Mitarbeiter des weltweit agierenden Paket-Dienstes *Fed-Ex* im Film. In der biblischen Geschichte flieht ein Mensch vor dem Auftrag Gottes, eine ganze Stadt zur Umkehr zu rufen. Die Stimme Gottes hatte den Propheten unterbrochen, doch diese Unterbrechung wollte er sich nicht ohne weiteres gefallen lassen.

Es mag sein, dass er sich diesem großen Auftrag nicht gewachsen fühlte. Vielleicht zweifelte er auch schon von Anbeginn an der Gnade und Barmherzigkeit Gottes. Jedenfalls rief ihn erst eine Erfahrung auf Leben und Tod zur Pflicht.

Anders Chuck. Kein Auftrag seiner Firma ist zu groß, kein Zeitrahmen zu knapp, keine Herausforderung zu überwältigend, als dass er sie nicht auf sich nähme. Hier lassen Mobilitätsanforderungen und Stresserfahrung in einem heutigen Beruf kaum Platz für Freundschaft und Familie. *Zeit ist Geld* scheint die Devise zu sein, an der sich dieser junge Handlungsreisende in seinem Leben orientiert. Dass es Lebenszeit gibt, die sich dieser Devise nicht fügt, wird ihm nach und nach erst deutlicher. Noch kurz vor Weihnachten macht er sich erneut auf den Weg, um Geschenk-Pakete von einem Kontinent zum andern zu transportieren. Sylvester wollte er wieder daheim sein. Doch es kommt anders. Ein Sturm über dem Pazifik lässt das Flugzeug abstürzen, er aber kann sich an den Strand einer kleinen Insel retten. Der Zufall bricht in das selbst gestaltete Leben ein und alles verändert sich im Nu.

In dieser Hinsicht muss Jona Ähnliches erleben. Ein Sturm bringt das Schiff beinahe zum Kentern, auf dem der Prophet vor dem göttlichen Auftrag zu fliehen versucht hatte. Hierbei an eine lenkende Hand Gottes zu glauben, die die Bibel hinter dem Sturm erblickt, fällt dem modernen Bewusstsein schwer. Doch der Film deutet auch das in dem Päckchen mit dem Flügelmotiv an, das der Fed-Ex-Mitarbeiter verantwortlich aufbewahrt und am Ende auftragsgemäß abliefert – gleichwie Jona nach der Unterbrechung der Flucht seine Mission erfüllt. Wie schon in dieser alten Geschichte bleiben auch für das moderne Bewusstsein in allen Planungen und bei allem logistischen Können mehr oder weniger große Restrisiken. Sie mögen verschwindend gering sein (anders würden wir uns auf sie auch gar nicht einlassen). Aber wenn es denn passiert, wenn der unwahrscheinliche Fall eingetreten ist, dann erfahren wir bis heute eine Unterbrechung unseres Tuns und Lassens, unseres *Dichtens und Trachtens* (wie die Bibel sagt). Und solche Unterbrechungen können zum Ursprung wichtiger Erfahrungen werden, die wir gar nicht machen würden, wenn alles immer so weiter liefe wie gewohnt.

Liebe Gemeinde, für mich ist dies ein Film über den Lebensmut, der aus der Verzweiflung wächst. Er zeigt sehr schön, wie
am Nullpunkt menschlicher Existenz und des nackten Über-
lebens die Religion mit der Kultur verknüpft ist. Beide werden
hier im Entstehen gezeigt: Ohne Kultur kann der Mensch nicht
Mensch bleiben. Wenn aber in den kultivierten Formen des
Lebens das Endliche vom Unendlichen berührt wird, wenn das
Licht der Hoffnung in das Dunkel unserer Not scheint, und
wenn wir uns auf eine Zukunft ausrichten, die über das Gleichmaß des Gewohnten hinausweist, dann scheinen auch die
großen Themen der Religion in der Kultur auf. In wenigstens
drei Hinsichten geht der Film darauf ein.

Erstens: Der schicksalhafte Zufall unterbricht den Stress des
Berufslebens. Der Film lebt von diesem Kontrast. Am Anfang
herrscht eine Hektik, die vom Zeitplan der Geschäfte vorgege-
ben wird. Aus eigener Kraft kommt der Protagonist aus seiner
Geschäftigkeit nicht heraus. Es braucht gewissermaßen den
Einbruch von außen, das Unglück, den Absturz des Flugzeugs.
Erst am Strand der einsamen Insel kehrt Ruhe ein, gezwunge-
nermaßen, in einer völlig neuen Situation. Es ist nun, als ob
die Zeit still stünde im Rauschen der Wellen und im ewigen
Gleichmaß von Ebbe und Flut. Der abgestürzte und überlebende
Chuck erlebt einen 4-jährigen Sabbat.

Zweitens: Der Mensch ist in sein Dasein geworfen und muss
seine Möglichkeiten ergreifen. Der Verschollene erlebt im Extrem, was jeder Mensch mehr oder weniger stark einmal erleben
muss. Einsam ist er geworden, gänzlich auf sich allein gestellt,
ohne dass er etwas dafür könnte. Er findet sich vor in einer
Situation, die er selbst nicht geschaffen hat. Und es bleibt ihm
gar nichts anderes übrig, als sich damit zu arrangieren. Doch
wie soll er das tun? Erst einmal irrt er verwirrt umher, ohne
feste Orientierung. Dann beginnt er zu sammeln: all die Reste
der Ladung aus dem Flugzeug, die an Land gespült werden,
hebt er auf. Und noch weiß er nicht, wozu das alles einmal gut
sein wird: die Video-Cassetten, die er ohne Recorder gar nicht
anschauen kann, die Damen-Schlittschuhe, die in der tropischen
Südsee völlig fehl am Platz scheinen, der nagelneue Volleyball,
die Toilettentür aus dem Flugzeug, die später an Land gespült
wird. Das Päckchen mit den zwei Engelsflügeln rührt er nicht
an. Es erinnert Chuck an seinen Auftrag. Und das hält ihn auf
andere Weise am Leben als die Nahrungssuche. Er trinkt Ko-

kusmilch und verzehrt das Fleisch der Nüsse. Doch es reicht nicht, in der Sammlerrolle zu verbleiben: er muss auch zum Jäger im seichten Gewässer werden. Erst sucht er die Fische mit der Hand zu fangen, später bringt er es mit einem hölzernen Speer zur Meisterschaft.

Den Mächten und Gewalten der Natur muss er ein Stück menschliche Kultur abtrotzen. Anders könnte er nicht überleben. Er muss sich an die Bedingungen anpassen als der homo faber, der er vorher schon war. Eine der schönsten Szenen in „Cast Away" ist die Neuerfindung des Feuers. Nach vielen fehlgeschlagenen Versuchen, nach Verwundungen und Verzweiflungen gelingt es endlich, der Natur die Energien abzugewinnen, die die Krebse genießbar machen und für die nötige Wärme sorgen. In aller Ohnmacht ist hier ein Stück menschliche Macht, sich zu arrangieren, im Spiel von *trial and error* Neues zu erfinden, und sich – begrenzt – über die bedrohlichen Gewalten der Natur zu erheben. Hineingestellt in eine extreme Situation hat dieser einsame Chuck eine seiner Möglichkeiten ergriffen. Und er hat seine Existenz ein gutes Stück gesichert. Doch auf der Insel bleiben kann er nicht. Sie bietet ihm auf Dauer keine ausreichende Lebensgrundlage.

So bleibt diese moderne Robinsonade denn auch nicht bei der Existenzsicherung durch Technik und Naturbeherrschung stehen. Und das macht für mich ihren Tiefgang aus. Die Religion als Teil der Kultur kommt ins Spiel: das ist der dritte Punkt. Erst einmal ist die Religion gebunden an die Rituale, die den Alltag und das Außeralltägliche regeln. Ohne Symbole kommen die Rituale aber nicht aus. Hier im Film steht das Außeralltägliche am Anfang: Nach der Katastrophe muss der nicht überlebende Flugkapitän bestattet werden. Der Verschollene muss realisieren: Nun ist er ganz auf sich allein gestellt. Er hat als einziger überlebt. Die anderen nicht. Und nur dieser eine, der Kapitän, ist hier an Land gespült worden. Im Angesicht dieses gestorbenen anderen Menschen wird dem Überlebenden die Würde des Lebens bewusst, auch die seines eigenen. Eine Würde, die Achtung gebietet und die eine angemessene Form der Bestattung erfordert. Im Angesicht des Todes wird aber auch deutlich genug: Es braucht einen Lebensmut, der sich über die Verzweiflung erhebt. Es braucht eine seelische Kraft, die den Verschollenen am Leben erhält, und die er sich selbst nicht geben kann – obwohl er sich alle möglichen Hilfsmittel, Bilder und Symbole schafft. Am Tiefpunkt schlägt die Verzweiflung in Mut um, das Sterben und der Tod in neues Leben und in die Bereitschaft, die Insel in das offene Meer hinein zu verlassen, gefährlich wie es ist. Zwei Dinge helfen ihm dabei: die Erinnerung an die Freundin daheim und die Verantwortung für den Auftrag, den er übernommen hat. Auch hier berührt der Film die Jona-Geschichte.

Doch nicht nur das Außeralltägliche, auch der Alltag braucht Rituale. Auf der einsamen Insel sind sie durch die Rhythmen der Natur vorgegeben. Nur der Tag eignet sich zur Nahrungssuche und zur Arbeit an mehr oder weniger aussichtsreichen Projekten. Ohne elektrisches Licht ist die Nacht dunkel auch für die Seele des Menschen. Und ihr Dunkel besteht in der Einsamkeit, in der Leere. Das kann Lebenszeit sein, die unerfüllt bleibt. Das kann aber auch das Fehlen des anderen Menschen sein. „Cast Away" zeigt beides: als Menschen müssen wir uns in der Zeit orientieren und unsere Zeit gestalten. Das ist die unausgesprochene Lebensorientierung des Hauptdarstellers auch schon vor dem Absturz. Doch nun erst gewinnt sie an Tiefe. Die Natur gibt uns zwar den Wechsel von Tag und Nacht, Licht und Dunkel vor. Aber dies ist ein Gleichmaß, das sich nicht um die Spanne eines Menschenlebens kümmert, in dem es Freiheit und Willen, Pläne, Entwürfe und Enttäuschungen, soziales Leben im Wechsel von Gemeinschaft und Alleinsein gibt. Die Rhythmen der Natur kümmern sich auch nicht um die menschliche Verantwortung. Deshalb gehört der Kalender zu den unverzichtbaren Errungenschaften menschlicher Kultur. Denn er regelt die Zeiten. Und er hilft uns, im scheinbaren Gleichmaß, im Fluss der Zeit Orientierung zu finden. Chuck hat die Wand der Höhle mit Schriftzeichen versehen, Monatsnamen. So kann er wissen: der Wechsel der Jahreszeiten, von halbem und vollem Mond, jährte sich am Ende viermal. Es ist kein Zufall, dass die Religion sich mit ihren Ritualen am Kalender orientiert. Denn potentiell bezieht er immer schon den anderen Menschen mit ein.

Und das verweist auf den anderen Punkt, der mindestens ebenso wichtig ist. „Es ist nicht gut, dass der Mensch allein sei", heißt es im 2. Schöpfungsbericht der Bibel. Eben das muss der Verschollene erfahren. Nur ein Bild erinnert ihn an die Freundin. Sie hatte es ihm zu Weihnachten geschenkt, im Deckel einer alten Taschenuhr. Diese Uhr zeigt eine andere Zeit an als die, die Geld ist. Es ist eine Zeit, die still stehen kann, die Zeit dessen, was uns als Menschen unbedingt angeht, die Zeit der Liebe, der elementaren Mitmenschlichkeit und des Lebenssinns. Der Verschollene hält dieses Bild der Freundin lebendig, die ganze Zeit lang. Umgekehrt hält diese Erinnerung auch ihn lebendig. Doch sie kommt ohne Worte, ohne Sprache nicht aus. Der Mensch wird zum Menschen durch die Sprache, und sei es nur die erinnerte, die wir in Träumen und Selbstgesprächen aufrechterhalten. Der Verschollene hat aber niemanden, mit dem er sprechen könnte. Würde er das Sprechen nicht üben, würde er es verlernen. Und so schafft er sich aus dem Volleyball ein Gegenüber, dem er ein menschliches Antlitz verleiht. *Wilson* nennt er dieses Übergangsobjekt. Mit ihm spricht er über alles, tauscht sich aus. So wie die einsame Seele mit Gott im Gespräch sein kann.

Wilson steht im Film für das Gebet im Leben des Menschen. Gewiss: Man muss mehr übers Gebet sagen als der Film das auf diese Weise tut. *Wilson* ist ja wie ein Totem, ein Fetisch. Aber all der Ausdruck der Not und der Verzweiflung, den wir aus den Psalmen kennen, wird auf das Gegenüber *Wilson* projiziert. Und es ist, als kämen Halt und Geborgenheit zurück. Einmal, in einem Anflug von Verzweiflung und Hybris, sucht sich Chuck dieses Gegenübers zu entledigen. Aber er kann ohne ihn nicht weiterleben. Er braucht das Du, das sein Ich von sich selbst distanziert, das Du außerhalb seiner selbst – so wie einem Wort Martin Bubers zufolge auch der Mond dem Menschen zum Du werden kann. *Wilson* ist nicht das Du Gottes, das wir im Gebet anrufen. Aber es gibt auch kein Gebet ohne den – in Anfechtungen – trotzigen Glauben daran, dass dieses Du Gottes sich auch anrufen lässt. Sehr schön ist das in einem Wort aus der jüdischen Tradition eingefangen. Dort heißt es: „Gott spricht: Wenn ihr mich nicht bezeugt, so bin ich nicht." Für mich steht *Wilson* im Film jedenfalls auch für diese Wahrheit.

Liebe Gemeinde, der Film zeigt an vielen Stellen, wie Religion und Kultur miteinander zusammenhängen. Insgesamt stellt er die Irrfahrt eines modernen Odysseus dar. Der Hauptdarsteller muss sich fern der Heimat unter extremen Bedingungen behaupten. Am Ende aber kehrt er zurück. Gewiss: Nach den vier Jahren auf der Insel ist nun nichts mehr wie es war. Er muss neu anfangen. Aber er ist ausgegangen von sich, wurde vom Zufall unterbrochen, und er ist zurückgekehrt. Das ist auch bei Jona so, der biblischen Variante des Odysseus, wenn man so will. Doch anders als diese griechische Sagengestalt wird er aus sich herausgerufen, ohne dass ihm die Rückkehr versprochen wäre. Er muss sich ganz auf Gott verlassen. Jona lernt das erst durch die Unterbrechung hindurch, die der Sturm auf hoher See für ihn bedeutete. Er lernt es durch die Bewahrung, die der gnädige und barmherzige Gott ihm in Gestalt des großen Fisches zuteil werden ließ. So wird auch Chuck Noland im Film am Ende gerettet, vermag seinen beruflichen Auftrag mit Verspätung zu erfüllen und beginnt ein neues Leben. Die Flügel auf dem Paket, das er am Ende ausliefert, weisen den Weg, als wären es Engelsflügel.

Gebe Gott uns die Bereitschaft und den Mut zu Neuanfängen, wo sie notwendig werden. Aber auch die Gelassenheit, mit den uns verliehenen begrenzten Möglichkeiten und Gaben das Nötige zu tun. Amen.

LIED NACH DER PREDIGT
EG 361, 1-4 (Befiehl du deine Wege)

FÜRBITTENGEBET

„Wenn wir jetzt auseinander gehen,
sei dir Gottes Wort
Weisung
an jeder Kreuzung,
sie dir Gottes Verheißung
eine Macht
vor jedem Hindernis,
sei dir Jesu Kreuz
eine sichere Brücke
über jeden Abgrund,
sei dir der Engel der Gemeinde
Heimat
in jeder Fremde,
sei dir die Kraft des Heiligen Geistes
ein verlässlicher Trost
in jedem Leid,

sei dir das Gebet weltweit
wie ein Lied der Mutter
in schlafloser Nacht,
sei dir der Segen Gottes
die Weite,
in der du ruhst."[2]

VATERUNSER

SCHLUSSLIED
EG 395, 1-3 (Vertraut den neuen Wegen)

SEGEN

Literatur

M. Friedenthal-Haase/R. Koerrenz (Hg.), Martin Buber: Bildung, Menschenbild und Hebräischer Humanismus, Paderborn u.a. 2005, 62. E. Lévinas, Die Spur des Anderen, Freiburg/München 1983, 211, 215f. [zur Differenz zwischen Abraham und Odysseus]. F. Rosenzweig, Kleinere Schriften, Berlin 1937, 289 [Atheistische Theologie].
Weiterführende Literatur zur Funktion und Bedeutung von Ritualen und Symbolen für das Leben: Dober, Die Zeit ins Gebet nehmen. Medien und Symbole im Gottesdienst als Ritual, Göttingen 2009, 80ff.152ff.

---

2 Engelsberger, Gebete für den Gottesdienst, 234.

7 Die Liebe ist des Gesetzes Erfüllung: „Les Miserables"
(Sonntag Reminiszere)

Predigt am 8.3.2009

Biblisches Motto (Wochenspruch):
„Gott erweist seine Liebe zu uns darin, dass Christus für uns gestorben ist, als wir noch Sünder waren." (Römer 5,8)

EINGANGSLIED
　　EG 454, 1-6 (Auf und macht die Herzen weit)

PSALM 25 [713]

EINGANGSGEBET
　　Ewiger, barmherziger Gott,
　　Wir danken dir für diesen Morgen,
　　für das Licht, das es hell werden lässt in uns
　　und das auch unserem Miteinander eine
　　Orientierung gibt.
　　Wir danken dir,
　　dass die Tage länger und die Nächte kürzer werden.
　　Und wir kommen zu dir,
　　um dein Wort zu verstehen.
　　Denn dein Wort ist meines Fußes Leuchte
　　und ein Licht auf meinem Weg.
　　Und wenn wir uns sorgen um die Zukunft,
　　oder wenn wir von der Vergangenheit nicht loskommen,
　　wenn wir über die Gegenwart klagen,
　　dann bitten wir dich:
　　Stärke die Schwachen,
　　ermutige die Ängstlichen,
　　vergib den Schuldigen,
　　richte die Gescheiterten auf,
　　segne die Fröhlichen
　　und bestärke die Heiteren,

stütze die Gelassenen
begleite die Mutigen.
Erbarme dich unser aller.

SCHRIFTLESUNG Matthäus 18, 21-34
Weiterer biblischer Bezug: Römer 13, 10

LIED VOR DER PREDIGT (Wochenlied)
EG 366, 1-4 (Wenn wir in höchsten Nöten sein)

PREDIGT

Liebe Gemeinde,

muss ein Mensch für den Rest seines Lebens gezeichnet sein, wenn er Schuld auf sich geladen hat? Oder ist ein wirklicher Neuanfang möglich, auch wenn der Arm des Gesetzes nach ihm gegriffen hat? Der Film „Les Miserables", gedreht nach der Vorlage eines Romans von Victor Hugo, antwortet auf diese Fragen. Nein, sagt dieser Film: die Vergangenheit muss den Menschen nicht ein Leben lang belasten. Er kann einen Neuanfang machen. Das ist zwar schwierig, aber es ist möglich. Glückliche Umstände können ihm helfen. Doch nicht der Zufall ist hier letztlich entscheidend, sondern ein guter Wille. Und dieser gute Wille äußert sich in der Liebe, die dem andern wohl will, auch wenn er es auf den ersten Blick nicht wert scheint. Diese Botschaft verdichtet sich am Ende, als der Hauptdarsteller, Jean Valjean, die angenommene Tochter in ihr eigenes Leben entlässt. „Es gibt nur eines auf der Welt: einander zu lieben", diese Worte gibt er ihr mit auf den Weg. Aufgrund dieser Aussage hat der Film einen durch und durch christlichen Charakter. Die Liebe hat es schwer, sich in der Welt durchzusetzen. Erst einmal muss sie die Fesseln der Vergangenheit lösen, die Fesseln des Zwangs im Handeln der Betroffenen. Und dann muss sie sich auch noch gegen das Gesetz durchsetzen, das immer wieder die Strafe fordert.

Erst einmal aber bekommt die Zukunft eine Chance. Der ehemalige Sträfling, eben Jean Valjean, hatte wegen Brotdiebstahls viele Jahre in Gefangenschaft verbracht. Schuldig geworden war er aus Not, und dieses Detail in der Vorgeschichte weist schon auf eine Grenze des Gesetzes hin. Die zum Leben notwendigen Güter müssen gerecht verteilt sein. Sonst kann es geschehen, dass das Gesetz um der Selbsterhaltung willen gebrochen wird, nur, um nicht hungern zu müssen. Auf Bewährung kommt Valjean frei und findet im Haus eines mildtätigen Bischofs barmherzige Aufnahme. Aufgrund seiner bisherigen Lebenserfahrung hat der ehemalige Sträfling aber beinahe jeden Glauben an das Gute verloren. Auch ist er gefangen in den Zwängen einer Existenz, in der es einzig ums Überleben geht. Sklave ist er noch in den Zwängen, die ihm im Straflager selbstverständlich geworden waren. Und so versucht er mit dem Tafelsilber aus der genossenen Gastfreundschaft zu fliehen, auch den guten Willen des Bischofs noch ausnutzend. In einer Großmut, die ihresgleichen sucht, nimmt der barmherzige Gottesmann ihn vor den Vertretern der strafenden Gerechtigkeit in Schutz. Er vergibt ihm seinen Fehltritt und ermöglicht ihm eine Rückkehr in geordnete Verhältnisse. So gewinnt er den Glauben daran wieder, dass er ein gutes Leben führen kann. Er baut sich eine neue Existenz auf, verdient Geld in einer Zeit, als neue Industrien sprunghaft sich entwickeln konnten, und bringt es nach einiger Zeit sogar zum Bürgermeister einer kleinen Stadt in der Provinz.

Hier lebt er das, was er nun selbst erfahren hat: Aufrichtigkeit, Mitmenschlichkeit und Freigebigkeit. Die empfangene Gnade und Barmherzigkeit spiegelt sich in seinem Verhalten. Und so macht der Film die Botschaft des Evangeliums deutlich: Zur Liebe fähig wird, wer selbst Liebe erfuhr. Die Verhältnisse bestimmen unser Leben mit. Doch was in der Gesellschaft einer Zeit geschieht, ist nicht die einzige Prägemacht. Wo Liebe und Wohltätigkeit am Werk sind, da kann auch inmitten schwieriger Verhältnisse etwas Neues entstehen; da kann auch durch Umkehr und Erneuerung hindurch ein ehemaliger Sträfling seinen Weg der inneren Läuterung und Heilung finden. Und das ist möglich zumal im Umbruch der gesellschaftlichen Verhältnisse. Der Film spielt auf dem historischen Hintergrund der Restauration, der Julirevolution, des Bürgerkönigtums und der Pariser Arbeiteraufstände zu Beginn des 19. Jh.

Valjean lebt sein Leben nun in eigener Verantwortung und Freiheit. Nicht nur kümmert er sich um sein eigenes Wohl, sondern auch um das der anderen Menschen, die ihm begegnen. Vor allem gewinnt sein neues Leben durch die Sorge um eine Arbeiterin Gestalt, um Fantine, eine ehemalige Prostituierte, die durch ihr Kind ins äußerste Elend gerät – sie verliert den

Job ihrer sittenwidrigen Vergangenheit wegen und erkrankt an Tuberkulose. Valjean bewahrt sie vor dem Gefängnis, in das der sich als Sittenwächter aufspielende Hüter des Gesetzes sie bringen will. Er kümmert sich um sie, kann aber nicht verhindern, dass sie stirbt. Und so nimmt er deren Tochter Cosette zu sich, nachdem er sie aus der Gewalt niederträchtiger Pflegeeltern befreit hat; er nimmt sie an, als wäre es sein eigenes Kind.

Auch nach seiner Umkehr und Erneuerung wird er allerdings immer wieder von der Vergangenheit eingeholt. Sie verfolgt ihn in der Gestalt des Polizisten Javert, der früher im Straflager schon Aufseher gewesen war. In steter Konfrontation des ehemaligen Sträflings mit diesem Gegenspieler gewinnt die dargestellte Geschichte ihre Dynamik. Der Schicksalszusammenhang widersteht der Freiheit und Humanität des neu begonnenen Lebens. Nicht nur sühnt das Recht die Schuld, sondern es bringt auch neue hervor. Denn es scheint nie genug zu sein mit der Strafe. Das macht Javert, der Vertreter des Gesetzes, am Rechtssystem sichtbar. Denn er verwirrt die Funktion des Gesetzes durch überzogene moralische Ansprüche. Und hinter ihnen verbergen sich eigene Interessen. Er bietet sich an, den ehemaligen Gefangenen aufzuspüren, wann immer es opportun erscheint. Valjean vermag sich vor ihm zu verbergen oder ihm zu entfliehen. Doch an einer Schnittstelle der Erzählung muss er sich öffentlich zu erkennen geben, um sich als der neu gewordene Mensch treu zu bleiben, der Vergebung erfuhr. Einen Unschuldigen hatte die Polizei mit ihm verwechselt, und um diesen Mann vor lebenslanger Sklaverei zu retten, offenbart er sich. Sein Geständnis, er eigentlich sei der Gesuchte, führt zu einer weiteren Verurteilung. Er entkommt jedoch bald und ist nun ein weiteres Mal auf der Flucht.

So stehen das Gesetz und die Liebe einander gegenüber, und manchmal behindern sie sich auch gegenseitig. Wie aber kann die Liebe des Gesetzes Erfüllung sein, wie es im Römerbrief heißt? Auch die Liebe braucht ja das Gesetz. Denn es steht für die Aufrechterhaltung einer humanen Lebensordnung. Es orientiert sich an „Grundwerten", wie wir gern sagen. Und die müssen in der Art wieder erkennbar sein, in der die Hüter des Gesetzes ihre Arbeit tun. Javert, der Widersacher Valjeans, wird allerdings nicht von einem guten Willen geleitet. Den Buchstaben des Gesetzes sucht er für seinen eigenen Aufstieg zu nutzen. Und er ist von inneren Zwängen getrieben, von einem Willen zur Rache, als müsste er die Freudlosigkeit des eigenen Lebens an denen vergelten, die ihre Lebensfreude wieder gefunden haben. Getrieben ist er von einem Wahn, die Vergehen der Vergangenheit weiter verfolgen zu müssen, auch wenn sie längst gesühnt worden sind. In diesem Film wird das Recht von einer Gestalt verkörpert, die keine Gnade kennt. Javert schert sich nicht um den Neuanfang des früher schuldig Gewordenen und behindert so die Lebendigkeit des Lebens. Diese in seiner Person verkörperte schicksalhafte Gewalt kann nicht durch das Gesetz selbst unterbrochen werden; das kann erst die Liebe, die aus einer Überfülle der Gnade fließt. Sie setzt das Gesetz in die Rechte ein, die dem Leben dienen.

Dies zeigt der *showdown*. Lange hatte Valjean gemeinsam mit der angenommenen Tochter in einem Pariser Kloster gelebt. Hier waren sie sicher. Abgeschirmt vom übrigen Leben, hatten sie ihre Arbeit getan und ihren Lebensunterhalt gefunden. Doch mit den Jahren brach sich auch der Wunsch Bahn, das freie, selbst bestimmte Leben wieder aufzunehmen. Und so wagt der Held dieses Films einen nochmaligen Neuanfang als wohltätiger Bürger der Stadt. Die Ersparnisse aus seiner Zeit als Industrieller und Bürgermeister ermöglichen ihm ein Leben in Wohlstand, den er mit den Armen in der Stadt teilt – er beteiligt sich an öffentlichen Speisungen und setzt sich auf diese Weise auch wieder den Blicken derer aus, vor denen er sich besser verborgen hätte.

Zur erneuten Konfrontation mit Javert kommt es dadurch, dass die angenommene, nun erwachsen gewordene Tochter sich in einen jungen Mann verliebt, der an revolutionären Umtrieben beteiligt ist und schon ins Visier des nun als Spitzel arbeitenden Gesetzeshüters geraten war. In den blutigen Auseinandersetzungen der Revolution kann Valjean diesen jungen, nun verwundeten Mann retten, und er bewahrt den Gegenspieler vor dem Tod – großmütig, wie er selbst Großmut erfahren hatte. In einer Szene am Ende, als beide Kontrahenten einander zum letzten Mal begegnen, wird die schicksalhafte Gewalt des Gesetzes der rettenden Macht der Liebe noch einmal gegenüber gestellt. Wie in einem Duell in der Dämmerung fordert Javert Valjean heraus. Doch nicht durch die Gewalt des anderen stirbt Javert, sondern von eigener Hand. Er hatte nur unter dem Gesetz leben können. Und das Gesetz hatte sein freudloses Leben bestimmt. Nun kann er den Anblick der Gnade und Barmherzigkeit nicht ertragen, die ihm in Valjean begegnet sind. Er stirbt in den Zwängen, die er sich selbst geschaffen hatte, ohne die Öffnung zu sehen, die die Liebe ihm als Ausweg geboten hätte.

So zeigt der Film eine Grenze auf. Über sie kann sich die Liebe in der Welt nur hinwegsetzen, wenn der betroffene Mensch sie selbst öffnet. Die Macht der Liebe setzt sich nicht automatisch durch. Auch richtet sie kein neues Gesetz des Zwangs auf, sondern sie begründet ein Reich der Freiheit. Hier kommt es aber darauf an, dass der andere von seiner Freiheit Gebrauch macht und auf die Liebe antwortet, die er erfährt. So wird er selbst verantwortlich. Dieses wunderbare Geschehen führt der Film in der Gestalt Valjeans vor. Es braucht aber den Gegenspieler Javert, um auch zu zeigen: Die Liebe kann das Gesetz nur dann erfüllen, wenn sie zu einer Freiheit befreit, die in Verantwortung mündet. Denn eben darin besteht das Gesetz, recht verstanden: dass es die Freiheit des einzelnen schützt und über die Regeln der Verantwortlichkeit wacht. So aber hat es nur eine helfende, vielleicht manchmal auch eine erziehende Funktion. Im Prinzip steht es der Liebe nicht entgegen, sondern die Liebe begründet und erfüllt das Gesetz. Weil sie sich aber noch längst nicht überall in der Welt durchgesetzt hat, braucht die Liebe auch den Schutz des Gesetzes. Die Liebe erfüllt das Gesetz aber auch jetzt schon, wenn sie in freier Verantwortlichkeit jeden Zwang überflüssig macht. Amen.

Lied nach der Predigt
EG 650, 1-3 (Liebe ist nicht nur ein Wort)

Fürbittengebet

„Nimm uns ins Gebet, Gott,
dass wir zu lieben beginnen,
wo wir gerne sortieren wollten.
Nimm uns ins Gebet, Gott,
dass wir zu danken beginnen,
wo wir kassieren wollten.
Nimm uns ins Gebet, Gott,
dass wir zu staunen beginnen,
wo wir fotografieren wollten.

Nimm uns ins Gebet, Gott,
dass wir zu warten beginnen,
wo wir gehen wollten.
Nimm uns ins Gebet, Gott, dass wir sammeln,
wo wir trennen wollten.
Eröffne Wege, wo wir nur Ödland sehen.
Schenke Liebe, wo wir nur Streit sehen.
Bewahre, was uns wichtig ist.
Die Kranken stärke.
Die Schwachen ermutige.
Die Zögernden begeistere.
Die Fremden mache neugierig.
Und uns schenke die Geduld eines Grashalms:
Unzählige Male zertreten,
richtet er sich doch immer wieder auf."[1]

VATERUNSER

SCHLUSSLIED
EG 571.2 (Ubi caritas et amor, Deus ibi est)

SEGEN

Literatur

Art. Les Miserables, in: Kindlers Neues Literatur Lexikon Bd. 8, 162f. W. Benjamin, Zur Kritik der Gewalt, in: Ders., GS II/1, 179-203. Kritiken: G. Waeger, Les Miserables, in: Zoom 12/98, 40. C. Schülke, Les Miserables, in: epd Film 1/99, 43f.

---

1 Engelsberger, Gebete für den Gottesdienst, 185.

8 Von Gewissensfragen zur Glaubensgewissheit: „Sophie Scholl. Die letzten Tage"

(Sonntag Lätare)

Predigt am 18.3.2007[1]

> *Biblisches Motto (Wochenspruch):*
> „Wenn das Weizenkorn nicht in die Erde fällt und erstirbt,
> bleibt es allein; wenn es aber erstirbt, bringt es viel Frucht."
> (Johannes 12, 24)

EINGANGSLIED
EG 437, 1-4 (Die helle Sonn leucht' jetzt herfür)

PSALM 84 [734]

EINGANGSGEBET
Herr Jesus Christus,
die Tage des Gedenkens
an dein Leben und Sterben haben begonnen.
Richte unseren Gottesdienst,
unser Fragen und Verstehen-Wollen,
ja unser Leben an deiner Liebe aus.
Deine Passion zu begreifen fällt uns schwer.
Warum nur musste dieses Opfer sein?
Warum dieser schreckliche Weg
hinaus aus der Stadt ans Kreuz?

---

1 Zu Film und Predigt wurde auch im Rahmen des Programms der Evangelischen Erwachsenenbildung Tuttlingen eingeladen. Die Leitfrage auch anderer Veranstaltungen war, wie sich der christliche Glaube zum viel beschworenen Werte-Wandel in der modernen Gesellschaft verhalten hat.

67

Herr, unser Gott,
wir bitten dich:
Hab Geduld mit uns und unserem Nicht-Verstehen.
Stärke unser Vertrauen darauf,
dass du all das für uns getan hast.
Und dass wir vor dich bringen dürfen,
was uns bedrückt:
jede und jeder für sich in der eigenen Lebenssituation.

SCHRIFTLESUNG Jesaja 50, 4-10
Weitere biblische Bezüge:
Johannes 15, 13; Matthäus 26, 28

LIED VOR DER PREDIGT
EG 357, 1.2.5 (Ich weiß, woran ich glaube), alternativ:
EG 98, 1-3 (Korn, das in die Erde)

PREDIGT

Liebe Gemeinde,

erst mit Abstand war es möglich, die dunkelsten Zeiten der
deutschen Geschichte in der Erinnerung hervortreten zu lassen.
Es brauchte die Distanz, um wenigstens im Nachhinein zu verstehen, was da geschehen ist in den Jahren zwischen 1933 und
1945. Doch bis heute ist dieser Rückblick schwierig. Denn wie
ist der jungen Generation nahe zu bringen, was in dieser zeitlichen Ferne möglich und dann auch wirklich geworden war?
Wie soll ein Gedenken vonstatten gehen, das den unschuldig
Nachgeborenen kein schlechtes Gewissen einimpft, wohl aber
deren Gefühl für Verantwortung weckt? Und was ist aus diesem
Rückblick zu lernen für die Tragweite einer Ethik, die sich aus
den Quellen der Bibel nährt?

Heute sind die Zeitzeugen alt geworden. Und deshalb
braucht es Darstellungen, die zusammenfassen und erzählen,
was geschah. Der Film, der gestern Abend hier zu sehen war,
hat diese Aufgabe auf sich genommen. Aus einer zeitlichen
Ferne bringt er dem Zuschauer eine Gruppe von jungen Leuten
nahe, die *Weiße Rose*, die sich zum Widerstand gegen ein ver-
brecherisches Regime entschlossen hatte. Gestützt auf schrift-
liche Quellen, auf Briefe, Tagebucheintragungen und Verneh-
mungsprotokolle zeigt dieser Film, wie sich der Wille, etwas zu

tun und nicht mehr weiter mitzulaufen, in dieser Gruppe durchsetzte. Es ist Ende Februar 1943.

Trotz der zeitlichen Ferne kommen diese jungen Leute dem Zuschauer eigentümlich nahe. Da ist zuerst Sophie Scholl, die Studentin der Philosophie und der Biologie in München, die mit einer Freundin Lehrveranstaltungen über philosophische Grundfragen bei Professor Huber besucht. Verlobt ist sie mit Fritz Hartnagel, einem „freien Geist", der an der Ostfront steht. Während eines gemeinsamen Urlaubs an der See im vergangenen Sommer 1942 hatte sie ihn zum letzten Mal gesehen. Die Verlobten tauschen Briefe aus, und einer der letzten Briefe aus der Zelle geht an ihn. Sophie liebt das Leben. Das Jazz-Stück, das sie gemeinsam mit der Freundin – verbotenerweise – im Radio hört, trägt den schönen Titel „Sugar". Sophie genießt die Natur. In einer Notiz vom Sommer 1942 schreibt sie: „Der Wind reißt den blauen Himmel auf, da kommt die Sonne heraus und küsst mich zärtlich. Ich möchte sie wieder küssen, doch gleich habe ich meinen Wunsch vergessen, weil der Wind mich jetzt anspringt … Ich lache laut vor Freude … Alle Kräfte spüre ich in mir." Ihre Lebensgewissheit kommt aber auch in ethischen Überzeugungen zum Ausdruck, die sie drei Jahre vorher (gerade 18-jährig) geäußert hatte: „Man sollte überhaupt den Mut haben, nur an das Gute zu glauben. Ich meine damit nicht, an Illusionen zu glauben, sondern ich meine, nur das Wahre und Gute zu tun und bei anderen Menschen vorauszusetzen, wie man es mit dem Verstand nie tun kann."

Da ist aber auch Hans Scholl, Sophies älterer Bruder, der als angehender Mediziner erst an der West- und dann auch an der Ostfront war. Nun kann er in München sein Studium fortsetzen, noch während des Krieges, denn man brauchte ausgebildeten Nachwuchs auch im medizinischen Bereich. Wie alle Sanitäter vor ihm hatte er hautnah mit den schrecklichen Folgen des Krieges zu tun. Und wie manch andere Soldaten im Osten war er Zeuge des Grauens gewesen: von Verfolgungen und Massenerschießungen. Vor allem aber ist er ein klar denkender Mensch gewesen, der zudem den Mut hatte, auszusprechen, was er dachte. Vor dem Volksgerichtshof unter dem Vorsitz des berüchtigten Anklägers Freisler fasst er seine Sicht der Dinge knapp zusammen: „Hitler kann den Krieg gegen die Alliierten nicht gewinnen. Das deutsche Volk ist ausgeblutet und will Frieden. An der Ostfront werden Kriegsverbrechen begangen."

Auch er wurzelt in der christlichen Tradition. Vor seiner Hinrichtung lässt er sich vom Pfarrer den 90. Psalm vorlesen. Er vernimmt die Worte, die vorwärts weisen: „Herr, kehre dich doch wieder zu uns und sei deinen Knechten gnädig."

Die dritte Gestalt, die dem Betrachter eigentümlich nahe kommt, ist Christian Probst, Kriegskamerad von Hans und schon Vater dreier Kinder, deren jüngstes gerade mal 4 Wochen alt ist. Er hatte die Entwürfe für die Flugblätter geliefert. Obwohl er vor Gericht nicht so heldenhaft dasteht wie die Geschwister Scholl, kommt er dem Zuschauer nahe. Denn er verkörpert den menschlich, allzu menschlichen Zwiespalt zwischen dem Einstehen für die eigene Überzeugung auf der einen Seite und den tiefsten menschlichen Gefühlen angesichts des neu geborenen Lebens auf der anderen. Das Gefühl der Verantwortung und die Sorge des jungen Vaters für seine Frau und die drei kleinen Kinder ist stärker als der Mut, für die Wahrheit der eigenen Sache das Leben zu geben. Gerade in seiner Schwäche ist dieses „hier stehe ich – ich kann nicht anders" so überzeugend wie die gefasste Zeugenschaft der anderen im Angesicht des Todes.

Doch verstehen wir auch das Handeln dieser jungen Leute, die bei Gefahr für Leib und Leben Flugblätter verteilen? Der Inhalt dieser Blätter muss den Herrschenden mehr Angst gemacht haben, als sie zugeben wollten. Denn mit der *Weißen Rose* machte man kurzen Prozess. Warum waren diese Studenten so strategisch unklug, so voreilig, so unvorsichtig? Warum setzten sie ihr eigenes Leben aufs Spiel? Naiv waren sie nicht: das zeigen die Gespräche. Besonders eindrücklich ist das 4. Verhör des eiskalten Vertreters der Staatspolizei Mohr, die vielleicht dichteste Szene. Hier wird der innere, der geistige und auch geistliche Konflikt auf den Punkt gebracht, den die Widerständler mit dem Nazi-Regime ausgefochten haben. Wesentliches wird ganz kurz angesprochen. Mohr, der Emporkömmling aus kleinen Verhältnissen, der in diesem Regime – wie viele – „etwas geworden" ist, vertritt die Ordnung durch das Gesetz. Doch dieses Gesetz, das später auch durch einen jämmerlichen Pflichtverteidiger und schließlich durch Freisler vertreten wird, gründet auf Unrecht, und die so genannte Ordnung der Herrschenden ist in ihrem Wesen nichts anderes als Anarchie. „Warum gehen Sie für ihre falschen Ideen ein solches Risiko ein?" fragt Mohr. Und Sophie antwortet: „wegen meines Gewissens".

An ihrem Gewissen orientiert sie sich auch, um der Versuchung Mohrs zu widerstehen. Da er selbst Vater eines Jungen ist, der an der Front kämpft, scheint ihm Sophie so zu sein *wie er*: jung, unerfahren und in seinen Augen auch noch nicht richtig erzogen. Doch dieser ethisch wahre Impuls, der aus einer menschlichen Regung kommt, kann in dem verkehrten Rahmen der herrschenden Nazi-Ideologie nur Falsches hervorrufen. Sophie durchschaut diesen Versucher, der ihr Vater sein könnte. Sie lässt sich nicht dazu verleiten, nur als Mitläuferin dargestellt zu werden, sondern steht zu ihrer Überzeugung. Ihre *Idee* verrät sie nicht. Den Wertewandel, den die Nazis vollzogen hatten, macht sie nicht mit.

Wie kommt es zum Wandel ethischer Werte? Auch diese Frage wird im 4. Verhör beleuchtet. Werte wandeln sich nicht automatisch, nicht von selbst. Sie werden gesetzt in Konflikten, und die können auf Leben und Tod gehen. Im Fall von Sophie Scholl mag es scheinen, dass die *neuen* Werte der Nationalsozialisten in diesem Kampf triumphieren wie die Macht des Stärkeren über die Ohnmacht der Schwächeren. Doch deswegen ist Sophie, die Schwächere in diesem Duell, keineswegs ohne Kraft und Stärke. Die findet sie in sich selbst, und in den Gesten der Freundlichkeit, der Nähe, sei es in der ihr zur Seite gestellten Wächterin, sei es in der Begegnung mit den Eltern und mit den Gefährten am Ende. Die Übereinstimmung in Überzeugungen, die sie in ihrem Gewissen verinnerlicht hat, lässt sie in diesem ungleichen Kampf nicht kapitulieren. „Es war alles richtig, ich bin stolz auf euch", sagt der Vater beim letzten Besuch. Und „es war nicht vergebens", sagt am Ende der schwach gewordene Christoph Probst. Das Gewissen ist zu seiner Bestätigung auf die anderen angewiesen. In der Stunde der Bewährung muss es aber für sich bestehen. Es ist unvertretbar, wenn es sagt: Du bist es, der hier und heute die Stelle anderer vertreten muss. Die Freunde treten für mehr ein als nur für die eigene Sache, das eigene Wohl, die eigene Selbsterhaltung und das eigene Glück.

Was aber ist dieses *mehr als*? Der Widerstand der *Weißen Rose* ist nicht auf den Illusionen jugendlicher Träume von der Verbesserung der Welt gebaut worden, nicht auf einem Idealismus, der sich Weltfremdheit vorzuwerfen hätte. Vielmehr nährte sich dieser Widerstand aus den Quellen der christlichen Religion und ihrer jüdischen Wurzeln. Es spielte für die Freunde keine so große Rolle, ob ihr Verständnis des Christentums evangelisch oder katholisch geprägt war. Entscheidend wurde ihr Wille, ihren Glauben zu bezeugen, und d. h. nicht weiter abzuwarten, sondern etwas zu tun, nicht zu schweigen, sondern die eigene Stimme zu erheben, und sei es in Flugblättern. Hierbei muss ihnen die Überzeugung ihres Lehrers Huber als Leitfaden geholfen haben, der später selbst zum Tode verurteilt wurde. Er zitierte den Philosophen Fichte mit den Worten: „Und handeln sollst du so, als hinge / Von dir und deinem Tun allein / Das Schicksal ab der deutschen Dinge, / Und die Verantwortung wär' dein."

Sophie Scholl beruft sich auf die Freiheit ihres Gewissens. Und sie hat so gehandelt, dass der Pfarrer im Film mit einem Wort aus dem Johannes-Evangelium sagen kann: „Niemand hat größere Liebe als der, der sein Leben lässt für die Freunde." Sophie tritt für die anderen ein, indem sie im Verhör die ganze Verantwortung auf sich nimmt. Und Hans spricht für den Freund Christoph vor Gericht. Doch diese jungen Leute treten auch gemeinsam für das deutsche Volk ein, in dem es so wenig Widerstand gegen den Staatsterror gegeben hat. Sie vertreten die Stelle derer, die keine Stimme haben, die als unwert geltenden Behinderten und die der Vernichtung geweihten Juden. Sie fragten sich: Wie wird dieses Land, dieses Volk vor den Völkern dastehen, wenn alle Welt im Nachhinein wird sehen können, welches Leid in diesem Namen, ja welches Verbrechen über die anderen gebracht worden ist? Die Zeit seither hat dieser prophetischen Klarsicht Recht gegeben.

Liebe Gemeinde, indem hier ein stellvertretendes Leiden *für viele* dargestellt wird, passt dieser Film gut in die Passionszeit. Er versammelt wichtige Aspekte der Leidensgeschichte Jesu und findet sie in einem Martyrium vor etwa 65 Jahren wieder. So hat dieser Film Zeichen-Charakter auch für die Frage nach Gott, ja für eine Theologie nach Auschwitz. Die Geschwister Scholl nehmen stellvertretend ein Leiden zum Tode auf sich. Mit diesem Zeugnis bestätigen sie die christliche Botschaft vom Leiden Jesu, das *für uns* geschehen ist. Dieses Martyrium der Geschwister Scholl gebietet bis heute höchste Achtung. Und doch wäre es nicht ganz verstanden, wenn wir darin nur Heldenmut und Tapferkeit sehen würden. Denn dieses Zeugnis nährte sich am Bild des gekreuzigten Gottes. Hier fand der angefochtene Glaube Stärkung. Und in dieser Stärke konnte er zum Zeugnis werden.

Die Frage nach Gott kommt ins Spiel, als Mohr und Sophie darüber streiten, was wirklich ist. „Gott gibt es nicht", sagt Mohr, der im Nationalsozialismus die wirkliche, weil wirkmächtige Ideologie am Werk sieht; ihrer Macht verdankt er seine Position. Für Sophie Scholl sind demgegenüber „Sitte, Moral und Gott" wirklich. Der verkehrten Welt des Volksgerichtshofes hält sie die wahre entgegen. Doch sie ist wahr nur für ihr Gewissen.

Hat es die christliche Botschaft, der Glaube, je leichter gehabt, auch wenn die Umstände, für die eigene Wahrheit einzutreten, zum Glück nicht immer so extrem waren? Es gibt jedenfalls keine Werte, ohne dass jemand für sie eintritt und mit seinem Leben Zeugnis dafür ablegt, dass er eben dies für wahr hält. Und es gibt keinen Glauben, ohne dass jemand für das eintritt, was er glaubt. Ja, die Frage, ob es Gott gibt, lässt sich überzeugend nicht anders beantworten als durch das Bekenntnis *ich glaube*.

Gott schenke uns die Gewissheit, ihm zu vertrauen. Er stärke uns in dem Willen, ihm treu zu sein und unser Leben an seiner Weisung auszurichten. Amen.

Lied nach der Predigt
    EG 396, 1.2.6 (Jesu, meine Freude)

Fürbittengebet

    „Herr,
    wir sehen dich aus der Ferne
    und über den unendlichen Abstand der Zeit.
    Wir hören dich.
    Wir suchen dich zu verstehen,
    zu begreifen, wer du bist.
    Lass uns mit dir gehen.

    Du bist anders als andere Menschen.
    Stärker und schwächer.
    Erhabener und geringer.
    Du verkündest die Ehre Gottes
    Und begleitest die Verachteten unter den Menschen.

Du bringst die Kraft Gottes
Und bist schwach mit den Schwachen.
Du schaffst Freiheit
Und lässt dich binden für die Gebundenen.

Du stehst an Gottes Stelle
Und vertrittst doch die Schuldigen.
Du scheidest zwischen Wahrheit und Lüge
und nimmst die Gescheiterten in Schutz
vor dem Recht der Rechtschaffenen.
Du brauchst keine Gewalt
Und weichst dem Opfer nicht aus.

Lass uns mit dir gehen. Dich begleiten.
Gib uns Licht aus deiner Güte.
Mach uns dir gleich,
damit wir Menschen werden.

Meister des Lebens,
an dir schauen wir, was es heißt, Mensch zu sein.
Durch dein Antlitz hindurch
schauen wir das Antlitz Gottes.
Wo du bist, verwandelt sich die Welt.
Wandle auch uns. Mache uns zu Menschen.
Herr, wir glauben.
Hilf unserem Unglauben."[2]

VATERUNSER

SCHLUSSLIED
EG 655, 1-3 (Freunde, dass der Mandelzweig)

SEGEN

---

2   Zink, Wie wir beten können, 135.

Literatur

K. Dobrisch (Hg.), Wir schweigen nicht! Eine Dokumentation über den antifaschistischen Kampf der Münchner Studenten 1942/43, Berlin ²1972, 15.13f.50.53. E.L. Fackenheim, To Mend The World. Foundations of Future Jewish Thought, New York 1982, 266ff. Weiterführende Literatur: R. Schumann, Leidenschaft und Leidensweg. Kurt Huber im Widerspruch zum Nationalsozialismus, Düsseldorf 2007. S. Zankel, Mit Flugblättern gegen Hitler. Der Widerstandskreis um Hans Scholl und Alexander Schmorell, Köln 2007 (vgl. die Kritik in: F.A.Z. Nr. 164 [Mittwoch, 16. Juli 2008], S. 8).

9 Die Liebe ist die größte unter ihnen: „Good Will Hunting"
(17. Sonntag nach Trinitatis)

Predigt am 8.10.2006

> **Biblisches Motto (Wochenspruch):**
> „Unser Glaube ist der Sieg, der die Welt überwunden hat."
> (1. Johannes 5, 4c)

EINGANGSLIED
> EG 409, 1-4
> (Gott liebt diese Welt, und wir sind sein eigen)

PSALM 116 [746]

EINGANGSGEBET
> „Unser Mund ist stumm,
> wenn du nicht redest.
> Unsere Ohren sind taub,
> wenn du sie nicht öffnest.
> Unsere Hände sind Fäuste,
> wenn du uns nicht liebst.
> Unsere Füße sind müde,
> wenn du uns nicht trägst.
>
> Guter Gott,
> segne Hören, Reden,
> Tun und Lassen. […]
> Sprich du ein Wort,
> dann wird Innen und Außen,
> Vergangenes
> und Zukünftiges gesund."[1]

---

1   Engelsberger, Gebete für den Gottesdienst, 39.

Jesaja 43, 1–3a
  Weiterer biblischer Bezug: 1. Korinther 13, 13

LIED VOR DER PREDIGT
  EG 346, 1.2.5 (Such, wer da will, ein ander Ziel)

PREDIGT

Liebe Gemeinde,

Will Hunting heißt der junge Mann, der mit seinen Kumpels durch die schlechteren Viertel Bostons streift. Zwischen Bars, Bier und Baseball erledigt er einfache Jobs. Dann und wann provoziert er andere, sucht die Konfrontation und prügelt sich. Seine brutale Aggressivität wird ihm zum Verhängnis – er kommt ins Gefängnis. Sein junger Lebenslauf scheint in einen Teufelskreis zu geraten, aus dem es kaum noch ein Entrinnen gibt.

Einer seiner Jobs hatte ihn in ein College geführt. Als Putzkraft war er zufällig an einer Tafel vorbeigekommen, auf der ein mathematisches Problem dargestellt war – von den Studenten hatte niemand es lösen können. Wie nebenbei hatte der hochbegabte Will Hunting hier Abhilfe zu schaffen vermocht. Am nächsten Morgen hatte er im Zuge seiner Reinigungsarbeiten seinen Lösungsvorschlag an die Tafel geschrieben. Als der Dozent das sah, in seinem Seminar aber niemanden fand, dem das hatte gelingen können, macht er sich auf die Suche nach dem Unbekannten.

So nimmt die Geschichte eines Reifungsprozesses seinen Lauf. Es ist auch die Geschichte von Unterschieden im gesellschaftlichen Milieu und ihrer Überschreitung. Unter zwei Bedingungen wird Will Hunting auf Bewährung aus der Haft entlassen: erstens soll er dem Mathematikdozenten zur Verfügung stehen, und zweitens soll er sich therapeutischen Gesprächen unterziehen. So nehmen sich zwei erwachsene Bezugspersonen seiner an, doch aus recht unterschiedlichen Motiven. Der Mathematiker sieht in ihm das Genie, das sogar ihm noch überlegen ist. Letztlich interessiert ihn die Begabung des jungen Mannes, und die will er fördern. Der Therapeut, bei dem er schließlich landet, nachdem er mehrere von dessen Kollegen verschlissen hat, lernt in ihm den ganzen Menschen zu sehen, dessen Seele voll Angst und Schmerz ist. In dieser Konstellation stellt der Film die Frage, ob der Erfolg der höchste und letzte Maßstab im Leben sein kann, oder ob es nicht in der Tiefendimension unseres Selbstgefühls eines Grundvertrauens bedarf, das sich nur in vertrauensvollen Beziehungen entwickeln kann.

Am Anfang nutzt der hochbegabte junge Patient seine Intelligenz ausschließlich dazu, die Therapie unmöglich zu machen. Nichts und niemanden will er wirklich an sich heranlassen. Das Zentrum seines Schmerzes und des erfahrenen Liebesentzugs in der Kindheit hat er mit einer harten Schale umgeben, an der alle Einwirkung von außen abprallt. Nur die aggressive Energie tritt aus diesem Zentrum immer wieder nach außen – so auch jetzt in diesen therapeutischen Gesprächen. Er schafft es, die Fragen an seine eigene Lebensgeschichte abzuwenden und wie Pfeile zurückzuschicken. Und diese Pfeile treffen ins Herz der Verlusterfahrung des Therapeuten. Dessen Frau war früh gestorben, und über diese Trauer ist er noch nicht hinweggekommen. Will Hunting scheint auf eine listige Weise darin Erfolg zu haben, die ihm lästige Therapieverpflichtung loszuwerden. Erst später wird ihm klar, dass er sich damit den einzigen Weg in seine Zukunft verstellt.

Während der Bewährungszeit hatte sich nämlich neues Leben für ihn angekündigt. Seine Begabung hatte ihm gute, ja beste Jobchancen verschafft. Auch hatte er eine junge Frau kennen gelernt und sich in sie verliebt. Doch ist er fähig, sich ihrer Liebe anzuvertrauen? Nicht der Unterschied im Herkunftsmilieu ist das eigentliche Problem, sondern ein tief sitzender Zweifel an der Vertrauenswürdigkeit der anderen. Schafft Will Hunting es, sich selbst und sein bisheriges Leben zu verlassen, um mit ihr neu anzufangen? Oder holt ihn seine Vergangenheit ein, eine Zeit ohne Liebe, gegen die er sich mit einem inneren Panzer geschützt hatte? So spitzt sich die Lage auf eine Entscheidung hin zu. Und in dieser Entscheidung kann ihn niemand vertreten. Er kann auch niemand anderen dafür verantwortlich machen, wenn er in dieser Entscheidung versagt. Wie im antiken Mythos steht Will Hunting am Scheideweg, und es liegt an ihm, in welche Richtung er geht.

Der Film geht nun aber einen wichtigen Schritt über den griechischen Mythos hinaus. Denn er macht deutlich: Um sich für die guten Möglichkeiten im eigenen Leben entscheiden zu können, bedarf es nicht nur der Gunst des Schicksals, das irgendwie blind gewährt oder versagt, ohne dass wir einen Einblick hätten, warum das so ist. Der Film bindet die Lebensent-

scheidung des jungen Mannes an die Frage, ob er ein Grund-
vertrauen in seine Zukunft gewonnen hat oder nicht. Und das
heißt: Ob er frei geworden ist von den Ängsten und Aggressionen,
die sich aus dem Fehlen der Liebe in seiner eigenen Lebensgeschichte bisher angestaut haben. Und so wird die Beziehung
zum Therapeuten zu einem entscheidenden Faktor vor aller
Entscheidung, die Will Hunting zu treffen hat. Es braucht eine
Anstrengung, die über die Grenze der Kraft geht, um die harte
Schale, um den Panzer zu brechen, den der junge Mann um
seine Seele gelegt hatte. So kann – zum ersten Mal in seinem
Leben – ein Gefühl der Geborgenheit in ihm Platz finden.
Möglich wird diese Erfahrung der Nähe, weil der Therapeut
mit seinem Patienten solidarisch wird. Er selbst hatte ähnlich
Schweres in seiner Kindheit erfahren. Und so kann er ihm dazu
verhelfen, seine tiefsten Gefühle zuzulassen, weil er – Will
Hunting – sich mit ihnen diesem zur Vaterfigur gewordenen
Gegenüber anvertrauen kann. Einen Augenblick lang öffnet er
sich in der Tiefe seines Selbstgefühls, und die Schale, der Panzer
des Misstrauens zerbricht. So ist dies eine Geschichte mit
offenem *happy end*: Der junge Mann entscheidet sich für die
guten Möglichkeiten seiner Zukunft, ohne mit Sicherheit zu
wissen, ob oder wie sie sich realisieren lassen. Doch er hat eine
Vergangenheit hinter sich gelassen, aus der es für ihn sonst kein
Entrinnen gegeben hätte.

Liebe Gemeinde, so weit die Handlung des Films in Kürze, der
gestern Abend hier zu sehen war. Für mich bringt er anschaulich
zur Darstellung, wie wir ein Wort des Paulus vielleicht besser
verstehen können, wo es heißt: „Nun aber bleiben Glaube,
Hoffnung, Liebe. Die Liebe aber ist die Größte unter ihnen."
Dieses Wort des Paulus beleuchtet auch noch die Rückseite
der Geschichte in unserem Film. Denn hier liegt die Antwort
auf die Frage bereit, wie wir die Kraft gewinnen, lebenswichtige
Entscheidungen zu treffen. Wie wir ein Vertrauen darauf entwickeln können, dass es schon gut gehen wird. Wie wir an der
Hoffnung festzuhalten vermögen, dass die Zukunft sich für uns
öffnet. Und dass die Vergangenheit mit ihren Lasten nicht mehr
die nächsten Schritte nach vorn belasten muss.
Will Hunting hätte sich vor der Begegnung mit dem Therapeuten wohl kaum für die offene Zukunft entschieden, in die
die letzte Bildeinstellung verweist: die Straße, auf der er nun

mit seinem Auto unterwegs ist, reicht in die Weite eines offenen Horizontes. Auf das Drängen der alten Freunde hätte er wohl nicht gehört. Die wollten ja, dass er seine Begabung lebt und ein neues Leben anfängt. Doch ohne die Begegnung mit dem Therapeuten hätte er kein Vertrauen darauf gewinnen können, dass die von ihm geliebte Frau auch ihn lieben kann. Die tief verwurzelten Zweifel der Vergangenheit hätten ihn eingeholt. Denn als Waise hatte er, aufgewachsen in Adoptivfamilien mit der Erfahrung väterlicher Gewalt, keine Liebe erfahren, die ihm ein tragfähiger Grund hätte werden können. Jetzt aber kann er es wagen, in seine Zukunft hinein zu reisen. Er hat Hoffnung. Denn er hat Vertrauen in einen anderen Menschen gewonnen, den Therapeuten. Und dieses Vertrauen bildet ein Gegengewicht gegen seinen Lebenszweifel. Es ist, als würde der Film ein Beispiel für die Tragfähigkeit, ja die Wahrheit des Pauluswortes geben: „Die Liebe aber ist die Größe unter ihnen."

Der Film zeigt, wie sich das im menschlichen Leben bewähren kann, dass Glaube, Hoffnung und Liebe bleiben. Er zeigt aber auch die Grenzen menschlichen Vermögens und menschlicher Kraft. Der Therapeut hatte Will Hunting lieb gewonnen. Nur in der Aufrichtigkeit seiner eigenen Lebenserfahrung hatte er ihm helfen können. So hatte sein guter Wille nach dem Besten für den Jungen „gejagt" – das ist ja der Doppelsinn des Titels. Einerseits hat Will Hunting einen guten Kern, der sich unter einer harten Schale verbirgt, und das Blatt wendet sich für ihn zum Besseren. Andererseits war das nur möglich dank des guten Willens, der nicht nur seiner Begabung, sondern der ihm als Person galt.

Doch dem Therapeuten war diese Begegnung unter die Haut gegangen. Das Schicksal des jungen Mannes hatte ihn an die eigene Lebensgeschichte erinnert. So waren alte Wunden aufgebrochen. Als Profi hatte er zwar gewusst: Ich muss Grenzen setzen, die der andere nicht überschreiten darf. Diesmal aber hatte die Arbeit mit dem jungen Mann ihn zu viel Kraft gekostet.

Liebe Gemeinde, auch indem der Film die Grenzen menschlicher Belastbarkeit aufzeigt, berührt er den Bereich von Religion und Theologie. Er muss ihn nicht ausdrücklich benennen. Was über diese Grenze hinaus liegt, bleibt unausgesprochen. Sichtbar kann dieser Bereich werden, und mit Worten hörbar zu umschreiben, wenn wir uns am Ende noch einmal dem zitierten Pauluswort zuwenden. Gewiss: Auch Paulus beschreibt in seinem Hohen Lied der Liebe das, was Menschen vermögen und wozu sie in der Lage sind. Doch auch er treibt seine Beschreibung an die Grenze des Menschenmöglichen, und darüber hinaus, wenn er schreibt: „Die Liebe erträgt alles, sie glaubt alles, sie hofft alles, sie duldet alles" (1. Korinther 13, 7). Spätestens an dieser Stelle ist deutlich genug: Es ist nicht die menschliche Liebe allein, von der hier die Rede ist. Denn dazu sind wir als endliche, begrenzte Wesen nicht in der Lage. Wir können nicht alles ertragen, sondern müssen das Maß dessen finden, was wir ertragen können. Wir können nicht alles glauben, sondern müssen unterscheiden zwischen dem Glaubwürdigen und dem Unglaubwürdigen. Wir können nicht alles hoffen, sondern müssen unterscheiden zwischen Hoffnung und Illusion als bloßem Bild unserer Wünsche. Wir können nicht alles dulden, sondern müssen Grenzen der Duldsamkeit setzen.

Deshalb: Die Liebe, von der Paulus schreibt, geht über unser menschliches Vermögen hinaus. Es ist die unendliche Fülle göttlicher Liebe, von der hier die Rede ist. Sie gilt jedem, der sich ihr anvertraut, auch den Gescheiterten, den Mühseligen und Beladenen. Gottes Liebe ist die Quelle, aus der die menschliche Kraft zum Lieben sich nährt. Und eben so kann sie Entscheidendes bewirken, wenn Menschen zu glauben, zu hoffen und zu lieben beginnen. Auch das kann über das Gelingen eines Lebenslaufes entscheiden. Möge sich unsere Liebe immer wieder neu an der göttlichen erneuern. Amen.

Lied nach der Predigt
EG 649, 1-4 (Herr, gib mir Mut zum Brückenbauen)

Fürbittengebet

Herr, unser Gott,
manchmal bleiben uns
deine Güte und Barmherzigkeit
verborgen.
Wir können dann nicht erkennen,
wer du bist
für uns:
Liebe.

Doch wendest du dich uns zu.
Du hast uns mit Freiheit begabt,
unsere Wege zu suchen und zu gehen.
Und wer Umwege geht,
wer Fehler macht,
wer sein Leben nicht gestalten kann,
den lässt du nicht fallen.
Vor dir dürfen wir sein,
wie wir sind,
unverwechselbar und eigenständig.

Du wartest auf uns
in Geduld,
damit wir deine Liebe
und deinen Ruf zur Verantwortung
hören.

Und nun bitten wir dich
für alle,
die sich sorgen um Arbeit,
Freundschaft,
Erfüllung im Leben,
dass sie frei werden von Angst
und ihre Lebenskraft wächst.

Hilf allen,
die in Not und Gefahr sind,
tröste die Bekümmerten und Angefochtenen,
sei den Einsamen nahe
und unterstütze das Alter.
Nimm dich unser aller gnädig an.

Vaterunser

Schlusslied
    EG 650, 1-3 (Liebe ist nicht nur ein Wort)

Segen

10 Hat Christsein etwas Närrisches? „Der Zirkus"

(19. Sonntag nach Trinitatis)

Predigt am 14.10.2007[1]

Biblisches Motto (Wochenspruch):
„Heile du mich, Herr, so werde ich heil; hilf du mir, so ist mir geholfen." (Jeremia 17,14)

EINGANGSLIED

EG 445, 1.2.5 (Gott des Himmels und der Erden)

PSALM 126 [766]

EINGANGSGEBET

Komm zu uns, Herr,
durch den Lärm dieser Welt,
in den Gegensätzen des Lebens,
über die Grenzen, die wir aufrichten.

Komm zu uns in der Macht deines Wortes,
das uns unterbricht
und neu macht.

Mach ein Ende mit aller Verzweiflung
und gib uns neue Hoffnung.
Erneuere uns zu Menschen,
die getrost ihren Weg gehen.

Mach uns froh und dankbar,
und lass uns die befreiende Kraft des Lachens
immer wieder neu erfahren.

---

1 Zu Film und Predigt wurde auch im Rahmen des Programms der Evangelischen Erwachsenenbildung Tuttlingen eingeladen.

2. Samuel 12, 1-13

Weitere biblische Bezüge:
1. Korinther 4, 10; 2. Korinther 12, 11

LIED VOR DER PREDIGT (Wochenlied)
EG 320, 1-4.7 (Nun lasst uns, Gott, dem Herren)

PREDIGT

Liebe Gemeinde,

der Apostel Paulus hat einmal geschrieben: „Ich bin ein Narr
geworden" (2. Korinther 12, 11), oder auch: „Wir sind Narren
um Christi willen" (1. Korinther 4, 10). Damit hat er sicher
nicht gemeint, dass man im Glauben eine realistische Sicht auf
die Dinge vermissen müsste. Und doch pflegen die Narren
einen anderen Blick auf die Welt als die Mehrheit, und sie verhalten sich auch anders. Sie stellen sich quer zum Selbstver-
ständlichen. Das kann als Blindheit für das Übliche erscheinen,
als Aufmüpfigkeit oder Weigerung, in allen Dingen politisch
korrekt zu sein. Diese Außenseiterposition müssen sie mit sich
selbst abmachen, gegründet nicht in der sie umgebenden Welt,
sondern nur in sich selbst, lebendig aber in steter Beziehung
zum Anderen, ja vielleicht auch zum ganz Anderen, zu Gott.
   In diesem Sinne konnten schon die Propheten als Narren
gelten (Hosea 9, 7). Sie sahen Entwicklungen voraus, die sich
für die meisten so noch nicht abzeichneten, oder sie klagten
Gerechtigkeit ein. Ein Beispiel davon haben wir in der Schriftlesung gehört: Nathan scheut sich nicht, den König David auf
das Unrecht hinzuweisen, das er getan hat. David sieht seinen
Fehler ein, kehrt um und tut Buße. Auch später noch haben die
Narren an den Königshöfen sich Prophetisches bewahrt: Sie
durften die Macht kritisieren, weil sich die Herrschenden dadurch vor der Blindheit zu bewahren suchten. Die Narren sorg-
ten für Belustigung und regten zu befreiendem Lachen an. Seit
dem 16. Jh. treten Clowns an die Stelle der Narren, und seit
dem 19. Jh. auch mit dem geschminkten Gesicht. Clowns sind
Artisten, die mit ihrer Kunst Menschen zum Erstaunen, zum
Nachdenken und freilich auch zum Lachen bringen. Der
Clown ist die moderne Gestalt des Narren.

Liebe Gemeinde, gestern Abend war hier der Film „Der Zirkus" zu sehen. Wie sonst auch, spielt Chaplin den Clown in Gestalt eines Tramps, eines Gelegenheitsarbeiters, der immer unterwegs ist. Stets verlangen ihm die Zufälle des Lebens eine neue Rolle ab, mal zu seinem Glück, mal zu seinem Unglück, und nie ist es ihm vergönnt, länger an einem Ort oder auf einer Stelle zu verweilen. In diesem Film wird er ungewollt zum Clown. Ohne sein Zutun lässt er sich in einen Diebstahl verstricken. In einem Spiegelkabinett auf dem Jahrmarkt ist es, als spiegele sich hier eine ganze Welt aus Dieben, die nichts als ihren Vorteil suchen, aus Flüchtenden, die zufällig in Verdacht geraten, und aus Polizisten, die Teil des Spiels sind und eher unbeholfen für Ordnung sorgen. Es ist eine bewegliche, verkehrte und verwirrende Welt, die sich in unendlicher Spiegelung dieser Gestalten verliert. Boden gewinnt Chaplin erst wieder, als die Flucht ihn mitten in die Manege des benachbarten Zirkus führt. Hier unterbricht er, gejagt von einem Polizisten, die langweilige Inszenierung der Clowns aus Profession, die immer wieder die gleiche Nummer darbieten. Ihnen stellt Chaplin den ungewollten Clown aus Zufall gegenüber. So vertauschen Kunst und Leben die Rollen. Während die Kunst der Clowns sich so weit vom Leben entfernt hatte, dass die Show schal geworden war, führt Chaplin ein Leben vor, in dem man nur noch als Künstler bestehen kann. Im Nu muss er reagieren, einen Haken schlagen und sich verstecken, um im nächsten Augenblick auf seiner Flucht zu nutzen, was ihm gerade in die Quere kommt: den Tisch des Zauberers etwa, des Magiers mit all den Hasen und Tauben, die ein unsichtbarer Gehilfe verschwinden und wieder erscheinen lässt. Das inszenierte Versteckspiel wird ihm zum echten Versteck. Chaplin bringt Leben auf die Bühne, weil sein Leben eine einzige Kunst ist, um zu überleben. Und das bringt die Leute zum Lachen. Denn er hält ihnen den Spiegel vor: So verhält es sich in den *modernen Zeiten*, 1928, als der Film uraufgeführt wurde, kurz vor dem Börsenkrach mit folgender Depression und Massenarbeitslosigkeit. So verhält es sich in einer Welt der Maschinen, die den Menschen das Laufen abnehmen, und die ihn andererseits in Trab halten, ja die ihn zu Bewegungen veranlassen, die wie die von Chaplin bruchstückhaft sind, eckig, kantig und doch durch Instinkt zu einer Geschmeidigkeit verbunden. So verhält es sich in den enorm gewachsenen Großstädten mit ihren Menschenmassen, in denen jeder und jede seinen bzw. ihren Weg geht.

Für kurze Zeit wendet sich das Schicksal des Gelegenheitsarbeiters zum Besseren. Per Dienstanweisung soll er nun komisch sein, doch das gelingt ihm nicht. Komisch kann er nur ungewollt sein, aus den Kräften seiner Selbsterhaltung heraus. Einstudierte Rollen misslingen sogleich, denn Chaplin bleibt nie in der vorgegebenen Rolle. Immer setzt sich das Leben gegen das Theater durch, und das Theater blüht, wenn es mit Leben gefüllt wird. Gut ist der neue Clown aus Zufall immer dann, wenn er durch die Situation herausgefordert wird und improvisieren muss. Als ein Mann des Augenblicks wird er zur Sensation, ohne es zu wissen. Und so verlässt er auch in dieser Gegenwelt des Zirkus die Rolle nicht, die er in der Welt draußen schon gespielt hatte: Er zieht keinen Gewinn daraus, dass er zum Hit der Show geworden ist. Und wenn er aus seiner Kompetenz Nutzen schlagen will, verrutschen ihm die Gesten. In einer besonders schönen Szene schickt er sich an, dem Zirkusdirektor gegenüber aufzutrumpfen, stehe ihm doch aufgrund seines Erfolgs nun ein höherer Lohn zu. Doch der Versuch, ein Selbstbewusstsein zu demonstrieren, das ihn zu einem ernst zu nehmenden Faktor im Arbeitskampf werden ließe, misslingt. Der Strohballen, an den er sich lässig lehnt, gibt nach, und er kommt zu Fall.

Auch in der Manege bleibt er der Lebenskünstler, der um sein Überleben kämpft. Von einer Gefahr gerät er in die andere: So führt der einzige noch offene Fluchtweg aus dem Löwenkäfig, in den es ihn verschlagen hat, zu einem anderen Raubtier: die Tür nach draußen hatte er ungewollt verriegelt. Die Frau, die ihm helfen könnte, fällt vor lauter Aufregung in Ohnmacht. Doch auf wunderbare Weise bleibt er bewahrt vor der Gewalt der Natur in der Gestalt der wilden Tiere und vor der Gewalt der anderen Menschen, gegen die er sich nun, am Leben geblieben, etwas unbeholfen wehrt. Es ist, als könne er anderen leichter helfen als sich selbst. Immer ist er bemüht, es allen recht zu machen. Doch ohne es zu wollen wird er zur witzigen Figur, über die man lacht. Es nervt ihn, wenn andere ungerecht behandelt werden, und er begehrt auf. Aber wenn ihm selbst Unrecht widerfährt, fällt es ihm schwer, sich zu verteidigen. Eben so bringt er aber die Welt durcheinander, die ihn stets unterbricht. Er mischt seine Umwelt auf, die als ganze wie ein großer Zirkus erscheint. Doch auch der Zirkus ist nichts anderes als ein Stück dieser Welt, in der der Mensch dem Menschen ein Wolf oder ein Löwe wird. In der Rolle des Clowns gewinnt er nicht mehr als sich selbst. Doch eben das bewahrt ihn davor, durchweg zum Verlierer zu werden. Er gewinnt sich selbst, indem er im Nebenmenschen den Mitmenschen entdeckt, das Du, das ihn zur Verantwortung ruft.

Seinen Höhepunkt erreicht der Film da, wo das ganze Leben als ein einziger Drahtseilakt erscheint. Dem ungewollten Clown ergeht es nun so, wie Heinrich Heine es in einem Gedicht beschrieb: „Ein Jüngling liebt ein Mädchen, / Die hat einen andern erwählt; […] Es ist eine alte Geschichte, / Doch bleibt sie immer neu; / Und wem sie just passieret, / Dem bricht das Herz entzwei." Chaplin trauert, dass seine Liebe nicht erwidert wird und ein anderer das Rennen gemacht hatte. So lässt er in seiner Nummer nach, und versucht, ein anderer zu werden – eben so wie der Seiltänzer, der als neue Attraktion engagiert worden war. Als der zu seiner Show nicht erscheint, tritt der Tramp – ein bisschen größenwahnsinnig, aber nicht völlig lebensmüde – an seine Stelle. Gesichert durch ein Seil gewinnt er Sicherheit in der großen Höhe über der Arena. Doch die Sicherung löst sich, und er muss seinen Überlebenskampf auf dem Seil kämpfen – selbstsicher geworden, so lange er noch nicht gemerkt hat, dass er nun ohne Sicherheit tanzt. Danach fordern ihn die Affen heraus, mit denen er sich vorher angelegt hatte: Sie versuchen, ihn aus dem Gleichgewicht zu bringen, lösen seine Hose, die verheddert sich am Seil, ohne dass er seine Füße schon wieder frei bekommen hätte. Halb Affe ist er nun, halb Engel. Dank seiner Fähigkeit, es stets produktiv mit dem Zufall aufzunehmen, gewinnt er am Ende wieder den sicheren Boden unter seine Füße. Das ist es denn auch, was ihm bleibt: erst tanzt er in Trance auf dem Boden weiter um sein Leben, schließlich verlässt er den Zirkus, unterwegs in die Ferne des Horizontes, die sich vor ihm auftut. Auf die geliebte Frau verzichtet er, ja, er wird ihr noch zum Trauzeugen. Doch er bleibt sich selbst treu als ein Lebenskünstler, der selbst nicht lange aus dem Gleichgewicht gerät. In einem Drahtseilakt pendelt er zwischen den zwei Polen, die jedes menschliche Leben ausmachen: Auf der einen Seite ist er für sich selbst, auf der anderen Seite ist er für andere da. Und wenn die anderen versäumen, auch für ihn da zu sein, dann bleibt er nicht lange in der Verzweiflung. Der neue Augenblick, die neue Situation seines Lebens fordert ihn heraus.

Liebe Gemeinde, es ist, als habe Chaplin seine eigene Existenz als Künstler, als Komiker in diesem Film wie in einem Spiegel zusammengefasst. So stellt er die Frage: Was vermag die Kunst? Und wozu brauchen wir sie? Kann sie die Welt verändern? Wohl kaum. Der Film gibt keinen Anlass, das zu meinen. Vielmehr zeigt er die Welt als Zirkus, und den Zirkus als ein Stück dieser Welt. Die Welt bleibt, wie sie ist. Aber in ihr Getriebe ist durch die Kunst etwas Sand geraten. Die Kunst ist eine Unterbrechung dessen, was uns so selbstverständlich scheint. Und in dieser Unterbrechung sehen die Verhältnisse anders aus. Es ist eine Verfremdung dessen, was uns so schicksalsnotwendig erscheint. Und das zu sehen ist schon ein Stück Befreiung aus den Zwängen, in denen jeder und jede irgendwie steht. So tut sich ein offener Horizont auf, wo alles viel zu begrenzt erscheint, wo sich in den Lebensperspektiven der Menschen kaum mehr offene Möglichkeiten zeigen. Und das macht die Kunst der Verfremdung und des Humors vergleichbar mit der befreienden Botschaft, die der Apostel Paulus in die damalige Welt trug und sich dabei vorkam wie ein Narr. Wie das Evangelium, so kann auch das Lachen befreien. Beide können lösen von einem Bann, der über den Verhältnissen liegt. Und so ist ein neuer Anfang möglich. „Wenn der Herr die Gefangenen Zions erlösen wird", und wir dürfen ergänzen: auch die in sich selbst und in ihren Lebensverhältnissen Gefangenen erlösen wird, „so werden wir sein wie die Träumenden. Dann wird unser Mund voll Lachens und unsre Zunge voll Rühmens sein." Amen.

Lied nach der Predigt
EG 414, 1-3 (Lass mich, o Herr, in allen Dingen)

88

Lasset uns in Frieden den Herrn anrufen,
um seine Gerechtigkeit,
dass sein heilsames Recht allen Menschen zuteil werde,
und die Leidenden aus ihrem Elend befreit werden,
um seine Barmherzigkeit,
dass wir Gnade finden für unser Leben
und Erbarmen lernen mit uns und mit den anderen,
um seine Liebe,
dass wir Liebe erfahren und Liebe üben,
lasset uns zum Herrn rufen:
Herr, erbarme dich.

Für alle Menschen in ihrer Not,
für alle, die hungrig sind auf der Welt,
für Menschen ohne Nahrung,
für Kinder ohne Geborgenheit,
für Partner ohne Liebe,
für Familien ohne Glück,
für Völker ohne Frieden, Freiheit und Recht,
dass Gottes Segen sie stärkt,
lasset uns zum Herrn rufen:
Herr, erbarme dich.

Schenke mir eine Seele, Herr,
die im Auge behält, was gut und rein ist,
damit sie sich nicht einschüchtern lässt vom Bösen,
sondern Mittel findet,
die Dinge in Ordnung zu bringen,
lasst uns zum Herrn rufen:
Herr, erbarme dich.

Schenke mir eine Seele,
der die Langeweile fremd ist,
die kein Murren kennt,

---

2 Formuliert in Anlehnung an Gebete von M. Josuttis (vgl. Ders., Über alle Engel. Politische Predigten zum Hebräerbrief, München 1990, 182-184, 200f) und Th. Morus, zit. nach: Beten im Alltag. Gesammelte Texte aus den Schriftlesungskalendern „365 mal Gottes Wort" der „action 365", Frankfurt [1]1979, 133.

und kein Seufzen und Klagen,
und lasse nicht zu,
dass ich mir allzu viele Sorgen mache
um dieses sich breit machende Etwas,
das sich „Ich" nennt.
Lasst uns zum Herrn rufen:
Herr, erbarme dich.

Herr, schenke mir Sinn für Humor.
Gib mir die Gnade,
einen Scherz zu verstehen,
damit ich ein wenig Glück kenne im Leben
und anderen davon mitteile.
Lasst uns zum Herrn rufen:
Herr, erbarme dich.

VATERUNSER

SCHLUSSLIED
EG 352, 1-4 (Alles ist an Gottes Segen)

SEGEN

Literatur

A. Beutel, Halb Affe, halb Engel. Der „ganze Mensch" als konstitutive Utopie der Anthropologie Georg Christoph Lichtenbergs, in: V. Drehsen (Hg.), Der ‚ganze Mensch'. Perspektiven lebensgeschichtlicher Individualität [Festschrift für Dietrich Rössler zum siebzigsten Geburtstag] Berlin/ New York 1997, 19-36. H. Cohen, Religion der Vernunft aus den Quellen des Judentums, Wiesbaden 1978, 18f., 131ff [zur Entdeckung des Mitmenschen als Du]. H. Heine, „Ein Jüngling liebt ein Mädchen", zit. nach: K.O. Conrady (Hg.), Das große deutsche Gedichtbuch, Königstein/Ts. 1978, 466.

11 Macht und Ohnmacht der Dämonen: „A beautiful mind"

(20. Sonntag nach Trinitatis)

Predigt am 29.10.2006

Biblisches Motto:
„Gott ist die Liebe; und wer in der Liebe bleibt, der bleibt in Gott und Gott in ihm." (1. Johannes 4, 16b)

EINGANGSLIED
  EG 440, 1-4 (All Morgen ist ganz frisch und neu)

PSALM 119 [748]

EINGANGSGEBET
  Ewiger Gott,
  wir danken dir an diesem Morgen
  für deine Güte, wo immer wir sie spürten,
  für deine Nähe, wo immer sie uns tröstete,
  für deine Wahrheit, wo immer sie uns aufrichtete,
  für deine Kraft, wo immer sie uns stärkte.

  Und doch sind wir im Zweifel,
  leben in Angst und Sorgen,
  kommen mit unserem Leben manchmal
  nur mühsam zurecht.

  Wir bitten dich:
  Richte uns auf.
  Tröste und stärke uns.

SCHRIFTLESUNG Markus 5, 1-13

PREDIGTTEXT Matthäus 12, 22-28

LIED VOR DER PREDIGT (Wochenlied)
  295, 1.3.4 (Wohl denen, die da wandeln)

Liebe Gemeinde,

nach einer tatsächlichen Begebenheit handelt der Film „A beautiful mind" von einem Mathematiker auf der Suche nach Wahrheit. Mit höchsten Ansprüchen an sich selbst geht der junge John Nash nach Princeton, um dort an der Universität nach einer neuen Idee zu forschen. Von seiner genialen Begabung ist er überzeugt. Und so hält er es nicht für nötig, Vorlesungen zu besuchen wie die anderen Studenten. In sich gekehrt zieht er sich in sein Zimmer zurück. Er beobachtet die Welt aufmerksam durch die Glasscheibe, doch die Teilnahme am Leben draußen will ihm nicht recht gelingen. Mit Zahlen kann er besser umgehen als mit Menschen. Es ist, als stünden all die Gleichungen und Ableitungen, die er an die Scheibe schreibt, zwischen ihm und der Außenwelt. Hier im College ist er zwar Kommilitone unter Kommilitonen, aber er kann seinem Gegenüber kaum in die Augen blicken, ist ohne jede höfliche Form grad heraus, und das ohne Scheu, den andern zu verletzen. Doch die geniale Idee, mit der er in der Wissenschaft Bedeutung erlangen könnte, lässt auf sich warten. Als sein Professor ihm deutlich macht, ohne sichtbare Ergebnisse keinen Abschluss zu bekommen, mit dem sich etwas anfangen ließe, bricht der Schrei aus ihm heraus: „Ich darf nicht versagen", „ich muss etwas leisten". Weder kann er im Spiel verlieren, noch vermag er sich gegen den überhöhten Anspruch an sich selbst zu wehren. Schon in jungen Jahren verliert John Nash in Princeton den Bezug zur Realität.

So nimmt die Geschichte einer Krankheit ihren Lauf. Von außen ist sie lange nicht sichtbar, denn der junge Mathematiker findet seine „einzigartige Idee", schreibt sein Aufsehen erregendes Doktorat über eine wirtschaftswissenschaftliche These, findet Anerkennung unter seinen Kollegen und eine Anstellung in einem Institut, das militärische Daten verarbeitet. Eben dieser Erfolg lässt aber die Phantasien seines Größen-Ichs übermächtig werden. Ausgelöst durch eine Einladung im Pentagon, dem amerikanischen Verteidigungsministerium, einen geheimen Code zu entziffern, verselbständigt sich die eingebildete Vorstellung eines Mannes vom Geheimdienst, der ihm Befehle erteilt, ihn auf Schritt und Tritt kontrolliert und verfolgt. John Nash beginnt, in dem Wahn zu leben, geheime Codes in Zeit-

schriften auffinden zu müssen, um sein Land vor einer atoma-
ren Explosion zu retten.

Der Mann vom Geheimdienst ist nicht die einzige Einbil-
dung, die von ihm Besitz ergreift. Schon zur Zeit des Studiums
hatte er sich einen Zimmernachbarn vor dem inneren Auge er-
schaffen, der seinen Ehrgeiz genährt und verschärft hatte. Es
sind Teile seiner selbst, des Innenlebens seiner Seele, die ihn in
diesen Gestalten begleiten, auf ihn einreden und sein Handeln
mitbestimmen. So stark wird der Einfluss dieser inneren Stimmen,
dieser eingebildeten Mächte und Gewalten, dass John Nash
nicht mehr Herr in seinem eigenen Hause ist. Die innere Welt
der Bilder, der Ideale, der Ansprüche, aber auch der Ängste und
Sorgen wird ihm immer wieder wirklich, wirklicher als die
Realität, die er mit den anderen, mit seiner Zeit, mit seiner Frau
und dann auch mit seiner Familie teilt. Wie durch Bild-
Schnitte wechselt er von der sozialen Welt des Alltags in die
eingebildete Innen-Welt. Aus ihr blickt er wie durch die Jalou-
sien eines Zimmers hinaus, als wäre er in seinem Innern gefangen. „Leider stecke ich in mir selbst fest", sagt er später einmal.
Als er eines Tages in aller Öffentlichkeit, mitten aus seinem
Vortrag vor der nationalen Mathematiker-Konferenz, vor den
Geistern flieht, die er sich vorgestellt hat und nun nicht mehr
los wird, gerät er in die Obhut eines Psychiaters.

Dieser Film aus dem Jahr 2001 macht mit heutigen Mitteln
deutlich, was wir unter den *Dämonen* verstehen können, die
früher vom Menschen Besitz ergriffen. Er erzählt eine Geschichte von Mächten und Gewalten, die den einzelnen der
Gemeinschaft mit den anderen entfremden und das soziale
Leben bedrohen. Auch die Bibel kennt und beschreibt solche
Konflikte, wenngleich in anderen Vorstellungen und Bildern.
Der biblische Text, mit dem ich diesen Film ins Gespräch bringen will, findet sich im Matthäusevangelium, 12, 22-28:

Da wurde ein Besessener zu Jesus gebracht, der war blind und
stumm; und er heilte ihn, so dass der Stumme redete und sah.
Und alles Volk entsetzte sich und fragte: Ist dieser nicht Davids
Sohn? Aber als die Pharisäer das hörten, sprachen sie: Er treibt
die bösen Geister nicht anders aus als durch Beelzebul, ihren
Obersten. Jesus erkannte aber ihre Gedanken und sprach zu
ihnen: Jedes Reich, das mit sich selbst uneins ist, wird verwüstet;
und jede Stadt oder jedes Haus, das mit sich selbst uneins ist,

kann nicht bestehen. Wenn nun der Satan den Satan austreibt, so muss er mit sich selbst uneins sein; wie kann dann sein Reich bestehen? Wenn ich aber die bösen Geister durch Beelzebul austreibe, durch wen treiben eure Söhne sie aus? Darum werden sie eure Richter sein. Wenn ich aber die bösen Geister durch den Geist Gottes austreibe, so ist ja das Reich Gottes zu euch gekommen.

Liebe Gemeinde, die Dämonen von damals haben heute andere Namen. Der Psychiater, der sich des kranken John Nash annimmt, diagnostiziert bei ihm eine schwere Form der Schizophrenie, eine Spaltung des Bewusstseins, die sich in halluzinatorischen Vorstellungen und paranoiden Störungen äußert. Die aus den Ansprüchen an sich selbst, an das eigene Ich-Ideal hervorgegangenen Wahnvorstellungen hatten eine innere Welt hervorgerufen, die dem Kranken wirklicher erscheint als die „normale" Realität. Doch wie in biblischen Zeiten die Dämonen, so haben seine Wahnvorstellungen in diesem psychisch Kranken Wohnung genommen. Sie begleiten ihn wie ein kleines Kind, wie ein Freund, dessen Rat nicht immer nur gut ist, und wie ein Mann vom Geheimdienst, der Angst und Schrecken verbreitet. Und sie nehmen auf ihn Einfluss, bestimmen sein Verhalten und halten ihn gefangen.

Wie der biblische Text sucht auch der Film eine Antwort auf die Frage: Was hilft gegen diese Mächte und Gewalten, die den Menschen von innen bestimmen? In dem Streitgespräch mit seinen Kritikern vergleicht Jesus das seelische Innenleben des Menschen mit einem „Reich", das „mit sich selbst entzweit ist". Gewiss: Die Bibel kennt noch nicht die psychologischen Erklärungen, hinter die wir heute nicht mehr zurück können. Aber das Reich der Dämonen, in dem der Satan sein verwirrendes Spiel treibt, zeigt sich doch auch hier schon an einem besessenen Menschen. Auch damals schon ist die Verrücktheit des Menschen das Beispiel für die Macht der Dämonen. Und die Frage ist bis heute gleich geblieben: Wie kann dem Menschen geholfen werden, dessen inneres Gleichgewicht dermaßen aus dem Lot geraten ist? Wie können die Dämonen ausgetrieben oder wenigstens auf innere Distanz gehalten werden? Wer hält die Bedrohung durch halluzinatorische Vorstellungen in Schach?

Der Film zeigt zum einen, wie man vor 50 Jahren schon psychiatrisch vorgegangen ist. Ziel der Therapie war und ist bis heute, dem Patienten den Unterschied zu zeigen zwischen dem, was real ist, und dem, was er sich einbildet. Der behandelnde Nervenarzt setzt eine Insulin-Therapie ein. Sie soll helfen, John Nash zu zeigen: die Orte und Personen, die er für wirklich gehalten hatte, existierten in Wirklichkeit gar nicht. „Welche Hölle muss das sein", sagt der Psychiater zu Nashs Frau. Zusätzlich wird der Patient medikamentös eingestellt. Doch die Psychopharmaka beeinträchtigen seine Arbeitsfähigkeit und belasten die eheliche Beziehung. Als er nach selbstmächtigem Absetzen des Medikaments rückfällig wird, läuft diese Krankheitsgeschichte auf ihre Entscheidung zu. Er weigert sich, zurück in die Klinik zu gehen. Und seine Frau nimmt das Bedenken ernst, dass er eine weitere Therapie dort nicht durchstehen würde. So wird ein dritter Heilungsweg entscheidend. Seine Frau hilft ihm, *die* Realität als die wichtigste in seinem Leben zu sehen, *für die sie steht*: Die Wirklichkeit des Herzens, der ehelichen Beziehung und des Glaubens an die Zukunft eines gemeinsamen Lebens. So hilft sie ihm, sich gegen die inneren Gefährdungen zu behaupten. „Ich will daran glauben können, dass etwas außergewöhnliches möglich ist", sagt sie. Das ist die Antwort des Films: Auch die Macht der Liebe kann gegen die Dämonen helfen. Diese Macht reicht auf andere Weise in die Dimension des Unendlichen als die Mathematik mit der liegenden 8 als Zahlensymbol für den Grenzwert des Unendlichen.

Liebe Gemeinde, für mich ist dieser Film eine tragfähige Erläuterung der Antwort, die auch unser biblischer Text bereithält. Hier ist Jesus der mächtige Heiler psychischer Krankheiten, der „durch den Geist Gottes die Dämonen austreibt". Er hat sich zu behaupten gegen den Vorwurf, den Teufel mit Beelzebul zu bekämpfen. Der aber galt als der „Herrscher der Dämonen". Dem gesamten Reich der Dämonen setzt Jesus den Geist Gottes entgegen. Was aber ist dieser gute Geist anderes als der Geist der Liebe, wenn denn Gott die Liebe selbst ist, und wir durch das Leben seines Sohnes plastisch vor Augen haben, dass und wie er der Liebe zur Macht verholfen hat?

Die Frage, ob man die Dämonen mit Beelzebul austreiben kann, spielt auch in dem Film eine Rolle, wenn man das Dämonische in die Sprache unserer Zeit übersetzt. Denn die halluzinatorischen Gestalten, die John Nash Schritt für Schritt auf Distanz zu halten lernt, sind mit der Kraft des Verstandes be-

gabte Wesen. Sie argumentieren mit ihm in einem inneren Gespräch. Indem sie ihn immer wieder mit dem narzisstischen
Selbstbild seiner jungen Jahre konfrontieren, „versuchen" sie
ihn, wie der Teufel Jesus versuchte. Denn sie hindern ihn daran,
die Außenwelt so wahrzunehmen, wie sie ist. Aus den lebendigen
Beziehungen zu seiner Familie werfen sie ihn zurück in eine
heillose Selbstbezogenheit. Eine mathematische Lösung für die
psychische Krankheit dieses genialen Mannes kann es nicht
geben. Aber die Kraft des Willens vermag den innerlich vorge-
stellten Gestalten zu widerstehen, die Wünsche und Träume
hervorgebracht haben. Der starke Wille John Nashs nährt sich
nun an der Realität, die ihm unbezweifelbar geworden ist und
die er gegen die Mächte und Gewalten aus seiner Seele verteidigt:
der Realität der Beziehung zu seiner Frau und das bewährte
Vertrauen darauf, dass sie zu ihm hält.

So ist der Film für mich eine Beispielgeschichte zur biblischen
Dämonen-Austreibung. Was der inzwischen, nach Jahrzehnten,
berühmt gewordene John Nash seinem Kollegen sagt, der ihm
die Nominierung zum Nobelpreis mitteilt, ist nur Teil der „Lösung", die er gefunden hat. Er habe eine „Diät des Verstandes"
lernen müssen, und inzwischen ziehe er es vor, „sich seinen
Träumen nicht hinzugeben". Die ganze Antwort gibt er dann
vor dem gefüllten Auditorium anlässlich der Preisverleihung am
Ende. „Nur in den rätselhaften Gleichungen der Liebe kann
man den Grund für die logischen Gleichungen finden", sagt er
hier. Und mit einem Dank an seine Frau fährt er fort, ihre Liebe
zu ihm sei der Grund geworden, auf dem einzig er habe weiterleben und seiner Arbeit nachgehen können.

Vom biblischen Text aus stellt sich am Ende aber noch eine
Frage an den Film. Sie zielt auf den Überschuss an Bedeutung,
den das religiöse Symbol über die Erfahrung zwischenmenschli-
cher Liebe hinaus bereithält. Worin nämlich gründet die
menschliche Fähigkeit zur Liebe? Dass sie gefährdet ist, zeigt
der Film selbst. Es ist nicht selbstverständlich, dass Frau Nash
zu ihrem Mann hält. Für den Glauben aber ist klar: Gottes
Liebe hat den Anfang gemacht. An seiner Liebe nährt sich unsere menschliche Liebe. Und indem wir zu lieben lernen, kann
das Licht der Erlösung weiter getragen werden. Amen.

LIED NACH DER PREDIGT
EG 251, 5-7 (Herz und Herz vereint zusammen)

„Mein Gott,
ich weiß nicht,
wie dein Geist zu mir kommen soll,
wenn die Schwermut
alle Türen
mit eisernen Riegeln verschließt.
Ich weiß nicht,
wie ich dir vertrauen soll,
wenn nicht du selbst
mich dazu bereit und fähig machst.
Ich weiß nicht,
wie ich dich wahrnehmen soll,
wenn meine Augen von Tränen blind sind.
Ich weiß nicht,
wie ich deine Stimme hören soll,
wenn in meinen Ohren
die Schreie der Verzweifelten dröhnen.
Ich weiß nicht, wie ich dich lieben soll,
wenn ich dein Nahesein nicht erfahre.
Einst kamst du zu den Deinen
Durch verschlossene Türen.
Komm auch zu mir.
Zerbrich meine Ketten."[1]

Alternativ:

„Herr, mein Gott,
es gibt Tage,
an denen alles versandet ist:
die Freude,
die Hoffnung,
der Glaube,
der Mut.

---

1 S. Naegeli, Das Eingeschlossensein überdauern, in: Dies., Du hast mein Dunkel geteilt. Gebete an unerträglichen Tagen, Freiburg [12]1984, 14f.

Es gibt Tage,
an denen ich meine Lasten
nicht mehr zu tragen vermag:
meine Krankheit, meine Einsamkeit,
meine ungelösten Fragen,
mein Versagen.

Herr, mein Gott,
lass mich an solchen Tagen erfahren,
dass ich nicht allein bin,
dass ich nicht durchhalten muss
aus eigener Kraft,
dass du mitten in der Wüste
einen Brunnen schenkst
und meinen übergroßen Durst stillst.

Lass mich erfahren,
dass du alles hast und bist,
dessen ich bedarf.
Lass mich glauben, dass du meine Wüste
in fruchtbares Land
verwandeln kannst."[2]

VATERUNSER

SCHLUSSLIED
    EG 325, 5.7.10 (Sollt ich meinem Gott nicht singen)

SEGEN

Literatur

John F. Nash 80 Jahre (Geburtstags-Gratulation in der F.A.Z. vom
13.6.2008).

---

2 S. Naegeli, An unerträglichen Tagen, in: Dies., Du hast mein Dunkel
    geteilt, 18f.

12 Bruderliebe im Angesicht von modernen Formen des Aussatzes: „Philadelphia"

(20. Sonntag nach Trinitatis)

Predigt am 21.10.2007

Biblisches Motto (Wochenspruch):
„Es ist dir gesagt, Mensch, was gut ist und was der Herr von dir fordert, nämlich Gottes Wort halten und Liebe üben und demütig sein vor deinem Gott." (Micha 6,8)

EINGANGSLIED
EG 168, 1-3 (Du hast uns, Herr, gerufen)

PSALM 38 [721]

EINGANGSGEBET
„Was immer wir einbringen
auf dem Weg zum Leben,
Herr, unser Gott,
es ist brüchig und bedroht durch die Zeit,
durch eigene Fehler und fremde Schuld.

Worauf immer wir verweisen,
wenn man uns fragt, wer wir sind,
Herr, unser Gott,
wir stehen selbst vor Rätseln,
es hält wenig stand.

Worauf wir vertrauen, ist dies,
Herr, unseres Lebens,
dass du auch die Bruchstücke liebst,
die Reste und den guten Willen.

Du bist nicht für Perfekte gestorben,
du hast uns gemeint, wie wir sind."[1]

Schriftlesung Philipper 2, 5-11

Predigttext 1 Johannes 2, 9-11
Weitere biblische Bezüge:
1 Johannes 4, 16b; Markus 1, 40-42

Lied vor der Predigt
EG 658, 1-3 (Lass uns den Weg der Gerechtigkeit gehn)

Predigt

Liebe Gemeinde,

Anfang der 80er Jahre traten zuerst in den Vereinigten Staaten, in New York, bald aber in vielen Metropolen der Welt merkwürdige Krankheits-Symptome auf: Junge Männer im Alter von 29 bis 36 Jahren erkrankten an bisher ganz seltenen Formen der Lungenentzündung, bekamen braun-bläuliche Hautflecken, die sog. „Karposi-Sarkome", die als eine Art von Krebs diagnostiziert wurden. Bald starben die ersten dieser jungen Männer. Auffällig an diesen Anzeichen einer neuen Epidemie war, dass sie alle homosexuell gewesen waren. Es dauerte einige Zeit, um dieser neuen Krankheit auf die Spur zu kommen. Doch bald schon waren die Bezeichnungen dafür in aller Munde: Als Immunschwächekrankheit breitete sich AIDS rasend schnell in alle Welt aus. Das HI Virus befiel nicht nur homosexuelle Männer, sondern auch Frauen, und es blieb auch nicht auf diese Milieus in den Großstädten der westlichen Welt beschränkt, sondern betraf bald alle Erdteile. Am Weltaidstag 2006 war die Rede von 40 Millionen Infektionen weltweit, die meisten davon inzwischen in Afrika und Russland, auch in Asien. Kürzlich war in der Zeitung zu lesen, infolge erneuter Sorglosigkeit sei die Krankheit auch bei uns unter jungen Menschen wieder vermehrt anzutreffen. Wie AIDS entstanden ist, weiß man nicht genau. Sicher ist, dass das Virus vom Affen

---

1   Engelsberger, Gebete für den Gottesdienst, 87.

abstammt und wie es übertragen wird: über Blut und andere Flüssigkeiten des Körpers, auch über die Muttermilch. 80 % der Infektionen entstehen durch sexuelle Übertragung.

Der Film, der gestern Abend hier zu sehen war, zeigt, wie diese Krankheit die Betroffenen zu Aussätzigen in der modernen Gesellschaft hat machen können. Schon der Titel „Philadelphia" spielt auf das Milieu der Homosexuellen an, in dem das Virus zuerst verbreitet wurde. Doch die Bedeutung dieses Namens weist auch darüber hinaus. In der „Bruder-Liebe" liegen auch die Kräfte der Solidarität, des Respekts und der Anerkennung, die die Diskriminierung überwinden können. Denn so vor allem wirkte sich dieser moderne „Aussatz" aus, zuerst am Arbeitsplatz, dann aber auch in den Freundeskreisen und nicht selten auch in den Familien: Man wollte mit den Betroffenen nicht mehr viel zu tun haben. Man mied sie wie die Kranken in biblischer Zeit, die draußen vor der Stadt, vor dem Dorf ihr Leben fristeten. Denn damals wie heute fürchtete man sich vor Ansteckung, auch wenn diese Furcht längst nicht in jedem Fall begründet war. Der solidarische Sinn der „Bruder-Liebe" hat auch biblische Wurzeln. So heißt es im 1. Johannesbrief: *Wer sagt, er sei im Licht, und hasst seinen Bruder, der ist noch in der Finsternis. Wer seinen Bruder liebt, der bleibt im Licht, und durch ihn kommt niemand zu Fall. Wer aber seinen Bruder hasst, der ist in der Finsternis und wandelt in der Finsternis, und weiß nicht, wo er hingeht; denn die Finsternis hat seine Augen verblendet.* (1. Johannes 2, 9-11) In drei Schritten versuche ich, den Film auf diesem Hintergrund zu verstehen.

I Der Aussätzige und die Gesellschaft

Die Erzählung nimmt folgenden Verlauf: Ein junger, kompetenter Anwalt befindet sich auf gutem Wege in eine gehobene Position. Seine Kanzlei gibt ihm die Chance, sich mit der Übernahme eines wichtigen Falles einen Namen zu machen. Er recherchiert erfolgreich und bereitet die Verhandlung sachgerecht vor. Doch das Dossier, das er erstellt hat, verschwindet auf eine ihm zuerst unerklärliche Weise. Seine Vorgesetzten machen ihn dafür verantwortlich und kündigen ihm. Längst war ihnen das Karposi-Sarkom auf seiner Stirn als ein Zeichen für die Krankheit aufgefallen, von der er unheilbar befallen war. Wie sich später herausstellt, war der Vorwurf der Unzuverlässigkeit aber nur ein Vorwand, um ihn als einen mit AIDS infizierten Homosexuellen loszuwerden.

Bald schon muss der junge Anwalt merken, dass er zum Aussätzigen geworden ist. Das erst nur schwache Zeichen in seinem Gesicht hat ihn zum Anderen, zum Fremden gemacht. Und das Andere, für das er nun steht – die unheimliche Krankheit und die vielen nicht weniger unheimliche Homosexualität – wird als bedrohlich empfunden. Die Angst, die er in seinen Mitmenschen hervorruft, sucht sich auf verschlungenen Wegen auszuleben. Auch der Kollege, den er um Hilfe bittet, ist zuerst reserviert – glänzend gespielt wird diese Rolle von Denzel Washington. Gerade Vater geworden, sorgt er sich, das Virus könnte in seine junge Familie getragen werden. Doch er informiert sich über die Übertragungswege und entschließt sich, den Fall zu übernehmen. Mit dem kranken Kollegen kämpft er für das, was ihm zusteht: eine gerechte Behandlung als Arbeitnehmer, als Bürger mit gleichen, unveräußerlichen Rechten seiner Person, und als Mitmensch, der von einem furchtbaren Schicksal betroffen ist. Er steht ein für die Werte, die mit der Unabhängigkeitserklärung der Vereinigten Staaten in Philadelphia verkündet worden sind. Zugleich erfüllt er den biblischen Sinn der Bruderliebe.

Auf der Seite der angesehenen Kanzlei führt die Angst vor dieser unheimlichen Epidemie zu verschlagenen Abwehrstrategien gegen ihren jungen Anwalt. Was an Methoden der Diskriminierung denkbar ist, wird ins Werk gesetzt. Auch vor öffentlicher Lüge scheut der in den Zeugenstand gerufene Chef nicht zurück. Während der junge Anwalt ihn als eine Vaterfigur verehrt hatte, verleugnet er diesen vorher mit hoher Verantwortung betrauten jungen Kollegen. Und am Ende scheint die Zeit für die Kanzlei zu spielen: Die Verhandlung dauert beinahe länger als die Frist, die dem Sterbenskranken noch bleibt: er bricht im Saal zusammen. Auf dem Totenbett kann er noch die Nachricht empfangen, dass er Recht bekommen hat.

II   Schuldgefühl, Scham und Schuld

Der stigmatisierte Aidskranke hat für seinen Kampf um Recht und Gerechtigkeit einen Preis zu zahlen: Die vorher verborgene Diskriminierung wird nun öffentlich. Und das tut weh. Das schlägt Wunden in der Seele und schwächt das schon angeschlagene Immunsystem noch mehr. Doch der Betroffene, von Tom Hanks ebenso grandios gespielt, kämpft gegen den Vorwurf, mit diesem Prozess nur seine Enttäuschung, seinen Ärger und sein Ressentiment ausleben zu wollen. Er kämpft gegen die Diskriminierung, die in einem früheren Gerichtsentscheid als ein sozialer Tod definiert worden war, der dem physischen vorausgeht.

Aufgefangen ist er im Kreis seiner Familie, die auch seinen homosexuellen Partner akzeptiert hat. Aufgehoben ist er im größeren Kreis von Freunden, dem sich auch der ihn verteidigende Anwalt annähert. So scheint in dieser Betroffenheit von Krankheit die Möglichkeit eines Mitgefühls auf, die Möglichkeit, auch in diesem Menschen den Bruder zu erkennen.

Freiheit, Gleichheit und Brüderlichkeit – diese aus religiösen Quellen hervorgegangenen Ideale der modernen Gesellschaft sind aber auch zu Leitlinien der Rechtsprechung geworden. Um sie einzuklagen beschreitet der von AIDS betroffene Anwalt den Rechtsweg. Nicht durch Meinungen, Vorwürfe und Schuldgefühle soll die Schuld erkannt und festgestellt werden, die die Kanzlei ihm vorwirft, sondern durch Prüfung vor Gericht. Hier muss die Wahrheit gesagt werden, auch wenn das Schamgefühl sie lieber verschweigen würde. Scham ist eine Reaktion auf die geltenden Normen oder Konventionen, wenn diese – aus welchen Gründen auch immer – nicht erfüllt werden. Das im Film dargestellte Gegenmittel ist die Überzeugung, dass nicht die sexuelle Neigung schon als Schuld zu werten ist (wider die Schöpfungsordnung etwa). Als Schuld zu werten ist es aber, wenn die Integrität des anderen Menschen missachtet wird. Und so ist das Gegenmittel gegen solche Scham eigentlich eine Liebe, die zum anderen Ja sagt, auch wenn er *anders* ist. Kurz: eine Menschlichkeit, die in der Anerkennung des anderen und in der Verantwortung ihm gegenüber ihre Erfüllung findet.

Nicht immer beruht ja das subjektive Schuldgefühl schon auf objektivierbarer Schuld. Der Erkrankte im Film hat sich selbst geschadet, ohne allerdings rechtzeitig schon von diesen Gefahren zu wissen. Zufällig hat ihn ein Schicksal heimgesucht, mit dem er nun zu leben hat. Damit muss er umgehen. Zum Schuldigen will er sich aber nicht machen lassen. Demgegenüber haben die Vertreter der Kanzlei, die ihm Enttäuschung und Ressentiment vorwerfen, selbst Schuld auf sich geladen.

Sie haben dem Erkrankten Schaden zugefügt. Aufgrund eines mehrheitlich geltenden Vorurteils in der Gesellschaft wähnen sie sich im Recht.

III   Kunst und Religion

Der Film hält auch eine Antwort auf die Frage bereit, wie man mit Zufällen leben kann, die einen heimsuchen, wie man, wenn es ans Sterben geht, mit sich selbst ins Reine kommen, und wie man auch in ausweglosen Situationen Trost finden kann. Seine *erste Antwort* lautet: durch Genugtuung. Einen christlichen Sinn hat das noch nicht. Das Gericht sagt, was geht, und was nicht geht. Zugleich stellt es einen Ausgleich her. Das Recht hat gesiegt, so könnte man sagen. Und dieser Sieg bestätigt den Glauben des jungen Anwalts, dass im Kampf um Gerechtigkeit das Leben sinnvoll werden kann. Mit dieser ersten Antwort gibt sich der Film aber nicht zufrieden.

Zweitens fragt er danach, welche Hilfe die Kunst in einer derart schweren Lebenslage bieten kann, in der sich der betroffene Anwalt befindet. So lange er lebt, spielt eine Oper im Hintergrund. Anfangs ertönt sie aus dem Kopfhörer, mit dem er sich bei der Arbeit von der Außenwelt abschottet, wartend auf die Ergebnisse der Blutprobe beim Arzt. Immer wieder hört man diese Begleitmusik, als ob sie den geschäftigen Alltag grundierte, die Musik als Symbol des Übergangs von der Verzweiflung zur Hoffnung. In der Schlussphase der Verhandlung – der Kranke ist dem Tode schon nahe – wird die Oper beinahe wichtiger als die Vorbereitung auf den nächsten Prozesstag. Sich an dem (kreuzähnlichen) Ständer festhaltend, der den Beutel für die Bluttransfusion trägt, übersetzt der Kranke dem ihn vertretenden Kollegen einige Sätze aus dem Italienischen. Die Sängerin Maria Callas besingt das Leben. „Ich bringe Unglück über die, die mich lieben." Die Anspielung auf AIDS ist unüberhörbar. Doch dann folgen Sätze, die sich lesen lassen, als wären es biblische Texte: „Ich bin die Liebe, der Gott, der vom Himmel auf die Erde hinabsteigt, um die Erde zum Himmel zu machen."

Hier nähert sich der Film offensichtlich der christlichen Tradition an. Und so gibt er selbst eine *dritte Antwort*: Dem an AIDS leidenden Anwalt vermag eben solche Kunst zu helfen, die zum Ausdrucks- und Darstellungsmedium auch für religiöse Fragen geworden ist. Im Hymnus des Philipperbriefes, den wir vorher in der Schriftlesung gehört haben, ist es Christus, „der in göttlicher Gestalt war", sich selbst aber „entäußerte" und „Knechtsgestalt" annahm, der sich selbst „erniedrigte" „bis zum Tode, ja zum Tode am Kreuz", um schließlich von Gott wieder „erhöht" zu werden. Und wir dürfen ergänzen: von *dem* Gott ist Christus erhöht worden, der die Liebe ist (1. Johannes 4, 16b).

Im Bereich des Rechts wird alles erforscht: die Wahrheit muss auf den Tisch, schonungslos. Demgegenüber wird im Bereich der Religion das Geheimnis eines Menschen gewahrt, denn Gott ist es, der das Herz ansieht. Weiterhin gleicht das Recht Interessen und Ansprüche aus, die sich aus der Würde und der Freiheit der Person ergeben. Hierbei handelt es sich um endliche Verhältnisse in der Welt: um Abhängigkeiten, Schaden und Schadensersatz. Demgegenüber weist die Religion aber auf einen letzten Horizont hin, in die Dimension des Unendlichen, und aus ihr fällt Licht auf die Ungerechtigkeit der Welt und die Zerrissenheit der menschlichen Seele. In solchem Licht hatte der Todkranke schon die Solidarität seines Kollegen erfahren, in solchem Licht schöpft er nun Kraft aus dem intensiven Hören als einem mystischen Erlebnis. Hier findet er den Sinn, den er als Antwort für sich selbst anzunehmen vermag.

Liebe Gemeinde, wenn ich den von AIDS betroffenen Anwalt im Film mit einem Aussätzigen in biblischer Zeit verglichen habe, dann muss ich freilich zugestehen: Eine Heilung wie die, die die Bibel berichtet, ist im Fall dieser Krankheit nicht möglich. „Und es kam zu ihm [zu Jesus] ein Aussätziger", heißt es im Markusevangelium, „der bat ihn, kniete nieder und sprach zu ihm: Willst du, so kannst du mich reinigen. Und es jammerte ihn, und er streckte die Hand aus, rührte ihn an und sprach zu ihm: Ich will's tun; sei rein! Und sogleich wich der Aussatz von ihm, und er wurde rein." (Markus 1, 40–42) Demgegenüber lassen sich im Fall von AIDS nur Symptome bekämpfen, und der Fortgang der Krankheit lässt sich verlangsamen. Doch ist das Verhalten Jesu in dieser knappen Heilungsgeschichte nicht wie ein Urbild für das, was auch dem Kranken im Film hilft? Im Mitgefühl („und es jammerte ihn") ebenso wie im Gefühl für Gerechtigkeit liegen die Quellen der Bruderliebe in einem biblischen Sinn. Zwar verstehen wir die „Reinheit" heute anders, als man sie in biblischer Zeit verstand. Doch der Film zeigt auch, wie die Arbeit an der eigenen Seele, ihren Ängsten und Wünschen, ihren Vorurteilen und Schuldgefühlen dazu führen kann, mit sich selbst „ins Reine" zu kommen. Mitmenschliche Solidarität ist auf diesem Weg eine unverzichtbare Helferin. Auch sie nährt sich aber aus den Quellen der Religion, die anders als das Recht hilft, zu seinem eigenen Leben Ja zu sagen. Auch in kirchlich nicht gebundener Kunst kann sie sich zum Ausdruck bringt. Amen.

LIED NACH DER PREDIGT
  EG 660, 1-3 (Wie ein Fest nach langer Trauer)

FÜRBITTENGEBET[2]

  Lasset uns in Frieden den Herrn anrufen,
  um seine Gerechtigkeit,
  dass sein heilsames Recht allen Menschen zuteil wird,
  und die Leidenden aus ihrem Elend befreit werden,
  um seine Barmherzigkeit,
  dass wir Gnade finden für unser Leben
  und Erbarmen lernen mit uns und mit den anderen,
  um seine Liebe,
  dass wir Liebe erfahren und Liebe üben,
  lasset uns zum Herrn rufen:
  Herr, erbarme dich.

  Für alle Menschen in ihrer Not,
  für alle, die von Krankheit betroffen sind,
  die sich in Geduld üben müssen
  und auf die Diagnose warten,
  für die unheilbar Kranken,
  deren Lebensfrist kurz ist
  und die nun fragen,
  worauf es eigentlich ankommt im Leben.
  Lasst uns zum Herrn rufen:
  Herr, erbarme dich.

---

2 Die Form dieses Gebetes ist durch eine Vorlage von M. Josuttis inspiriert (Ders., Über alle Engel, 194-196).

Für die Menschen,
die unter den Vorurteilen ihrer Umwelt leiden,
anders sind sie als die Mehrheit es erwartet,
sei dies die Hautfarbe,
die Gesinnung
oder auch die sexuelle Neigung.
Lass sie Verständnis finden,
die Anerkennung ihrer Person
und den Respekt, der jedem Menschen gebührt.
Lasst uns zum Herrn rufen:
Herr, erbarme dich.

Für all diejenigen,
die diskriminiert werden,
ausgeschlossen von Entwicklungschancen,
ausgegrenzt am Arbeitsplatz,
und die mitten im Leben
einen sozialen Tod erleiden müssen.
Lasst uns zum Herrn rufen:
Herr, erbarme dich.

Nimm dich unser aller gnädig an,
rette und erhalte uns.
Denn dir allein gebührt
der Ruhm und die Ehre und die Anbetung,
dem Vater und dem Sohn und dem Heiligen Geist,
jetzt und immerdar,
und von Ewigkeit zu Ewigkeit.

VATERUNSER

SCHLUSSLIED EG 168, 4-6

SEGEN

Literatur

P.-Ph. Schmitt, Bis in den Tod auf der Suche nach Lust. Auf den Spuren von „Patient Zero" Geatan Dugas, der als einer der ersten Aids verbreitete, in: F.A.Z. Nr. 277 (28. November 2006), S. 9. Fast vierzig Millionen sind infiziert, in: F.A.Z. Nr. 281 (2. Dezember 2006) S. 11. O. Jungen, Die neue Aids-Generation, in: F.A.Z. Nr. 276 (27. November 2007), S. 41. Weiterführende Literatur zum Verhältnis von Kunst und Religion: W. Gräb, Sinn fürs Unendliche. Religion in der Mediengesellschaft, Gütersloh 2002, 70-81.106-119. Dober, Die Zeit ins Gebet nehmen, 168-174.

13

Sorget nicht: *„Der Schatz der Sierra Madre"* (21. Sonntag nach Trinitatis)

Predigt am 12.10.2008

Biblisches Motto (Wochenspruch):
„Lass dich nicht vom Bösen überwinden, sondern überwinde das Böse mit Gutem." (Römer 12, 21)

EINGANGSLIED
EG 438, 1.5.6 (Der Tag bricht an und zeiget sich)

PSALM 19 [708]

EINGANGSGEBET[1]
Barmherziger Vater,
wir bitten dich für uns und für die Welt,
Die verborgenen Sünden verzeihe.
Die unterlassene Hilfe
verzeihe.
Die verpasste Klärung
verzeihe.
Die dunklen Gedanken
verzeihe.

Die verborgenen Gaben
stärke.
Die unausgesprochene Wahrheit
bring ans Licht.
Die verpasste Gelegenheit
bring wieder.

---

1 Formuliert in Anlehnung an: Engelsberger, Gebete für den Gottesdienst, 69.

Schenke uns allen den aufrechten Gang,
die Gelassenheit, Durststrecken durchzustehen
und den Mut, unser Leben in die Hand zu nehmen.

SCHRIFTLESUNG Prediger 5, 9-19

PREDIGTTEXT Matthäus 6, 25-34
Weiterer biblischer Bezug: Prediger 1, 2

LIED VOR DER PREDIGT
  EG 324, 1-3.14.15 (Ich singe dir mit Herz und Mund)

PREDIGT

Liebe Gemeinde,

Sorget nicht – das ist einfacher gesagt als getan. Wie können
wir das: nicht sorgen? Gehört die Sorge nicht zu unserem Leben
wie das tägliche Brot? Und wäre es nicht geradezu unverant-
wortlich, keine Sorge für sich selbst und für die anderen zu tragen,
die mir anvertraut sind? Keine Vorsorge für die Ausbildung der
Kinder, für das eigene Alter? Man könnte antworten: Wer sich
nicht sorgt, der hat schon verloren.

Der Film, der gestern Abend hier zu sehen war, geht auch
auf diese Fragen ein. Doch er weist in eine andere Richtung als
unsere praktische Lebensgestaltung: in die Abgründe der menschlichen Seele und auf die unabsehbaren Zufälle des Lebens. Er
zeigt, wie die notwendige Sorge um das tägliche Brot, um die
eigene Zukunft und das materielle Auskommen sich in einen
Zwang verwandeln kann, nur noch die eigene Sicherheit im
Blick zu haben. Sorge, Sicherheitsbedürfnis und Habgier liegen
nahe beieinander – aus dieser Nähe menschlich allzu menschlicher Haltungen, Wünsche und Bedürfnisse entwickelt dieser
Film seine Dynamik.

Gezeigt wird erst einmal eine Welt, die aus Gewinnern und
Verlierern besteht. Wie durch Zufall gibt es solche Menschen,
die genug für sich selbst haben, zum Teil auch mehr als genug,
und solche, die von der Hand in den Mund leben: sie haben
nur das, was sie sich als Almosen erbetteln und was als Krümel
vom Tisch der Wohlhabenden fällt. Es scheint, als gelte in
dieser Welt nur, ob man Glück gehabt hat oder Pech. Dieses so

scheinbar unabänderlich Gegebene stellt sich aber dar als die Macht des Schicksals, die den einen das ausgeteilt hat, was sie haben, und den andern vorenthält, was sie noch suchen.

Doch es gibt Wege, es mit dieser Macht des Schicksals aufzunehmen. Menschen sind keine Marionetten, die an unsichtbaren Fäden gezogen werden, sondern solche Wesen, die aus Freiheit handeln können. Eine Möglichkeit ist das Glücksspiel, eine andere die Lohnarbeit. Der Film zeigt zu Beginn beides: Der Hauptdarsteller Humphrey Bogart, Dobbs genannt, lässt sich von einem Straßenjungen überreden, den letzten Rest seines Ertrags beim Betteln in den Teil eines Loses zu investieren – und später wird dieser Verlierer im bisherigen Leben zu einem kleinen Gewinner, weil eben dieses Los gewonnen hat. Doch er lässt sich auch zu schwerer körperlicher Arbeit anheuern, deren Ertrag ihm allerdings vom Arbeitgeber vorenthalten wird. Dass die Arbeiter nach wochenlangem Engagement leer ausgehen, deutet an: Schicksal ist nicht nur die Macht des Zufalls, die dem einen gibt und dem andern nimmt. Schicksal ist auch der „Schuldzusammenhang des Lebendigen", hier hervorgegangen aus dem skupellosen Eigennutz eines Unternehmers, der die unwissenden Arbeiter ausbeutet, wie es ihm gerade gefällt. Mit diesem Zwang nehmen die zwei Gefährten es auf, die sich bei der Arbeit gefunden hatten. Sie holen sich, was ihnen zusteht, notfalls mit Gewalt; denn in der mexikanischen Stadt, in der diese Geschichte ihren Lauf nimmt, herrscht noch kein Recht (jedenfalls kein Arbeitsrecht), an das – als Instanz – sie sich hätten wenden können.

Im Nachtasyl dann, tiefer geht es kaum, treffen sie auf einen Alten, mit dem sie sich zu einer Goldsuche zusammentun. Auf der Suche nach dem Schatz in der Sierra Madre nehmen sie ihr Schicksal in die eigene Hand, und so machen sie von ihrer Freiheit Gebrauch. Sie verwirklichen den menschlichen Anspruch, ihres eigenen Glückes Schmied zu werden. Als *persuit of happiness* hat er in die amerikanische Verfassung Eingang gefunden. Sie machen sich auf den Weg, aus eigener Kraft das Verhältnis von Gewinnern und Verlierern umzukehren, unter dem sie bisher gelitten haben. Voller guter Vorsätze und mit verständiger Planung sind sie sich der Gefahren durchaus bewusst. Oft schon hatte man gehört, dass das Gold die Menschen verändert.

Doch indem die bisherigen Pechvögel ihre Chance ergreifen, haben sie ausnahmsweise Glück. Die Bedingungen stimmen, um neu anzufangen und sich aufzumachen ins Unbekannte, in die Wüste, in diese Offenheit, deren Kehrseite die Bedrohung und Verlassenheit ist. Einen Bahnüberfall können die drei Glücksritter abwehren, und dank der durch den Alten im Gleichgewicht gehaltenen Gruppendynamik erreichen sie mit ihren Maultieren auch ihr Ziel nach allen möglichen Strapazen. Doch die Frage deutet sich schon an: Wie lange hält die Weggemeinschaft? Was verbindet die Menschen? Reicht das Ziel des Erfolgs? Es ist ein wenig so wie bei der Wüstenwanderung des Volkes Israel: Die Seele macht ein Wechselbad der Gefühle durch, sie schwankt zwischen Hoffnung und Zweifel, zwischen den Kräften der Selbsterhaltung, des Eigennutzes und der vernünftigen Überlegung, dass einer auf den anderen angewiesen ist.

Die drei Gefährten suchen und finden. Mit der nötigen Technik funktioniert das kleine Unternehmen. Doch die gruppendynamischen Probleme lassen sich technisch nicht mehr lösen. Wie soll der geförderte Goldstaub geteilt werden? Ist auf den anderen auch Verlass, oder erliegt er der Versuchung, die die eigene Seele auch kennt: den anderen ihren Teil vorzuenthalten und sich des ganzen Gewinns zu bemächtigen? Kaum auf der Gewinnerseite angekommen, wiederholt sich hier das Problem, unter dem die zwei Arbeitskollegen vorher als Verlierer gelitten hatten. Und so treten nicht nur Sorge und Angst auf, sondern auch Habsucht und Gier. Wie es eine kleine Szene zu Beginn schon angedeutet hatte, verstellt das Geld den Blick des guten Auges. „Ich habe Sie nicht angesehen, ich sah immer nur den Peso vor mir", hatte Dobbs zu dem Mann gesagt, den er mehrfach um eine milde Gabe gebeten hatte. Nun, nach der erfolgreichen Goldsuche, deutet sich die Möglichkeit des Verrats an. Der Hang des menschlichen Herzens zum Bösen, diese Verkehrung der guten Motivation in eine schlechte, wird zu einer Gefahr für die Gruppe. Bisher wurde ihre Gemeinschaft zusammengehalten durch das gesetzte Ziel und die Notwendigkeit, sich gegen die äußeren Gefahren nur gemeinsam behaupten zu können.

An äußeren Gefahren mangelt es bei der Goldsuche nicht. Als der Tunnel im Bergwerk einstürzt, den die drei gegraben haben, um an das begehrte Edelmetall zu kommen, hilft man sich. Und als die Banditen sie angreifen, können sie sich nur gemeinsam verteidigen, obendrein mit der Hilfe eines vierten Mannes, den sie vorher noch als Konkurrenten hatten aus dem

Weg räumen wollen. Er fällt dem Verteidigungskampf zum Opfer, und an seinem Grab scheint es einen Moment lang so zu sein, als könnten menschliche Solidarität und Empathie den Sieg über Egoismus und Eigennutz davontragen. Gibt es eine Gegenkraft im Kampf ums Überleben, der die Menschen gegenseitig zu Wölfen macht? Die Überlebenden sehen ein: der andere, dieser vierte Mann, ist wie wir, auf der Suche nach dem Lebensglück, fern der Heimat und der Familie, der geliebten Menschen, die auf seine Rückkehr warten. Aber diese Einsicht schafft nur eine kurze Unterbrechung; dann setzen die drei Schatzsucher sich gegenseitig wieder dem Stress der Habsucht und des Misstrauens aus. Eine Tragödie bahnt sich an.

Der Film wirft die Frage auf: An welcher Messlatte orientiert der einzelne letztlich sein Handeln, der sein Leben in die eigene Hand nehmen muss? Sind Glück oder Pech der letzte Maßstab? Gibt es Normen des Menschlichen, die sowohl im Glück als auch im Pech eine Grenze setzen können? Oder wird das meiste vom Zufall bestimmt? Der Rest ist schnell nacherzählt, und am Ende steht auch eine vorsichtige Antwort. Eingeleitet wird der *showdown* mit einem nächtlichen Besuch von Indianern, die um Hilfe für einen ins Wasser gefallenen Jungen bitten, der nicht mehr zu sich kommt. Der Alte hilft, rettet den Kleinen und fasst auf diese Weise Fuß in einer Gegenwelt der Mitmenschlichkeit und Solidarität; hier bei den Indianern ist das Leben ein höherer Wert als das Gold.

Wie in den Krisen, die wir manchmal erleben müssen, hängt im *plot* des Films eins am andern. Die Entscheidung des Alten, sich von den Indianern bitten zu lassen, löst einen Domino-Effekt aus. Denn mit ihm ist nun der entscheidende Faktor in der Gruppendynamik der Goldgräber ausgefallen. Ohne seine Stimme kann sich das Wir-Gefühl nicht mehr gegen den Egoismus behaupten. Nun setzt sich die Habgier gegen die aufrichtige Verantwortlichkeit für das Gold des anderen durch. Es kommt zu einem Mordversuch, doch der Verbrecher – es ist Dobbs – wird seines Lebens nicht froh. Das geschieht nicht etwa deswegen, weil er an der Qual seines Gewissens zugrunde ginge, die ihn ergreift, obwohl er abstreitet, überhaupt ein Gewissen zu haben. Und in der Tat ist der zufällige Unterschied zwischen Glück und Pech, in dem nur die Erwägung des Nutzens dem Glück auf die Sprünge helfen kann, die einzige Leitlinie seines Mitwissens mit sich selbst. Der zum Verbrecher gewordene

Goldsucher Dobbs wird am Ende seines Lebens nicht froh, weil er einfach Pech hat: Die Banditen rauben ihm alles, auch sein Leben. Sie interessieren sich nur für die Waffen, die Felle und die Maultiere, nicht aber für den Goldstaub, den sie für Sand halten und dem Staub der Erde übergeben.

Als die beiden anderen in die Stadt kommen, sind die Banditen gefangen genommen und ihrer Strafe zugeführt. Und vor der Stadt sind nur noch die leeren Säcke übrig, die sich in der letzten Einstellung in einem Kaktus verfangen haben. Vor den staunenden Augen des Jüngeren, den die Indianer gefunden und dessen Wunden sie versorgt hatten, fängt der Alte an zu lachen: *Das sei ein Spaß vom lieben Gott oder vom Schicksal oder von sonst was – aber wer sich das ausgedacht habe, der müsse Humor gehabt haben.* Am Ende des Films steht nicht das Schweigen wie in der Tragödie, sondern das Lachen und ein ironischer Blick auf die Geschichte der westlichen Zivilisation, die ihren Weg vom Natur- in den Rechtszustand gegangen war: Die Indianer, die dem Alten aus Dankbarkeit eine Stelle als Medizinmann angeboten hatten, baten ihn auch, bei der Ausarbeitung einer Verfassung zu helfen – eben dem modernen Instrument zur Begrenzung der Folgen, die der Kampf zeigt, in dem der Mensch dem Menschen ein Wolf wird.

Liebe Gemeinde, dieser Film zeigt den Hang der menschlichen Natur zum Bösen, diese allgegenwärtige Verkehrung des menschlichen Herzens, das dem ersten Buch der Bibel zufolge „böse ist von Jugend auf". Der Film zeigt aber auch einen Widerstreit der Prinzipien. *Auf der einen Seite* steht der Selbsterhaltungstrieb, der keinen anderen Maßstab gelten lässt als das zufällig begegnende Pech oder Glück: nur durch nützliches Handeln kann man zu seinem Glück beitragen. Dieser Selbsterhaltungstrieb ist aber gefährdet, sich in der Sorge um das eigene Wohl zu verfangen. Und diese Sorge kann zum Zwang werden, der weder der Vernunft noch der freien Selbstentfaltung Raum lässt. *Auf der anderen Seite* steht die Fähigkeit zur Selbstdistanz. Sie hilft zu einem vernünftigen Abwägen in den Entscheidungen auf dem Weg zum eigenen Glück. Und in dieser Selbstdistanz lässt sich der Mensch auch immer wieder zur Verantwortung rufen – für sich selbst und für andere. Hierbei wird die Sorge für sich nicht aus dem Lebensentwurf ausgeblendet, aber sie ist nicht mehr die alles beherrschende Kraft.

Am Ende vermag der Alte in der Dreierkonstellation der Schatzsucher den Sinn der biblischen Aufforderung aufzunehmen, sich nicht allzu sehr zu sorgen. Zugleich verfällt er aber auch nicht in die Haltung, *alles sei eitel* und also auch eigentlich egal. Wie die Dinge sich am Ende entwickelt haben, schreibt er zwar nicht ausdrücklich oder eindeutig dem Willen Gottes zu. Aber er lässt doch die Möglichkeit offen, dass sich in den verwickelten Wegen der menschlichen Glückssuche ein vielleicht ironischer, vielleicht aber mehr noch humorvoller Wille verbirgt. Ihn zu ergründen ist ihm nur eine Nebensache; die Hauptsache ist vielmehr, dass die beiden übrig Gebliebenen am Ende gelassen und ein wenig reifer ihrer Wege gehen: der Alte zu den Indianern, und der Jüngere zu einem neuen Versuch, sein Glück zu finden. Beide waren den Versuchungen des Goldes, und d.h. der Habsucht und Gier ausgesetzt, aber sie sind ihnen nicht erlegen. Und so spiegelt sich in ihren Wegen und Haltungen ein guter Sinn des biblischen Zuspruchs: Sorget nicht, denn für euch ist schon gesorgt.

Mögen auch wir, liebe Gemeinde, immer wieder zu der Gelassenheit finden, zu der dieses biblische Wort uns ermutigen will. Panik macht eine Krise nur schlimmer, als sie schon ist. Sich nicht mehr zu sorgen als nötig hilft, sie zu bestehen. Überhaupt liegt es in solcher Gelassenheit, dass wir freie und verantwortliche Menschen sein und bleiben können. Amen.

Lied nach der Predigt
EG 369, 1-3 (Wer nur den lieben Gott lässt walten)

Fürbittengebet

„Mein Gott,
ich bin traurig über mich.
Dem Unerfülltsein
wollte ich entrinnen.
Immer neue Wünsche
habe ich mir erfüllt,
und plötzlich habe ich bemerkt,
dass die Dinge mich besitzen,
dass ich nicht mehr die Freiheit habe,
zu verzichten.

115

Sie halten mein Herz besetzt
und beherrschen meine Gedanken.
Ich lebe nicht mehr in die Tiefe.
Mitten in allem Überfluss
darbt meine Seele.

Ich erkenne meine Schuld
im Vergessen derer,
die in Armut und Elend leben.
Ich erkenne meine Schuld
in der Flucht vor dir,
mein Gott.
Von den Dingen erwartete ich die Erfüllung,
die nur du zu geben vermagst.
Ich bitte dich,
löse mich ganz los
vom Hängen an Besitz.
Lass mich erfahren,
was ich im Grunde meines Herzens weiß,
dass Verzicht frei macht,
frei für dich,
frei für andere Menschen,
frei für die wirklichen Reichtümer."[2]

VATERUNSER

SCHLUSSLIED
EG 494, 1-4 (In Gottes Namen fang ich an)

SEGEN

---

2   S. Naegeli, Du hast mein Dunkel geteilt, 84f.

Literatur

W. Benjamin, GS II/1, 174f. [Schicksal und Charakter]. I. Kant, Die Religion innerhalb der Grenzen der bloßen Vernunft, Hamburg 1978: Erstes Stück: Von der Einwohnung des bösen Prinzips neben dem guten: oder über das radikal Böse in der menschlichen Natur. Hintergrund-Information: D. Schümer, Gier, die über Leichen geht, in: F.A.Z. Nr. 227 (27. September 2008), Z 3. Filmklassiker. Beschreibungen und Kommentare, hg.v. Th. Koebner unter Mitarbeit von K.-L. Neumann, Bd. 2 (1947-1964), Stuttgart ³2001, 33-35.

14 Wie ein Dieb in der Nacht: „Comedian Harmonists"

(Drittletzter Sonntag des Kirchenjahres)

Predigt am 9.11.2008

Biblisches Motto (Wochenspruch):
„Siehe, jetzt ist die Zeit der Gnade, siehe, jetzt ist der Tag des Heils." (2. Korinther 6, 2)

EINGANGSLIED
EG 446, 1.2.6-8 (Wach auf, mein Herz, und singe)

PSALM 139 [754]

EINGANGSGEBET
Herr, unser Gott, barmherziger Vater,
wir kommen zu Dir an diesem Tag,
um uns zu erinnern
an Ereignisse, die sich nie wiederholen dürfen.
Wir gedenken der Schrecken der Vergangenheit,
und je intensiver wir das tun,
desto klarer wird uns:
so fern ist diese Vergangenheit nicht.
Es hätte auch uns treffen können.

Wir bitten dich:
stärke uns, damit auch wir uns erforschen,
damit wir Tag und Nacht unterscheiden.
Öffne uns die Augen,
damit wir das Licht sehen,
und die Dunkelheit nicht nur bei den andern,
sondern den Schatten auch bei uns selbst.

Lass uns zu Menschen werden,
die im andern den Bruder und die Schwester entdecken,
immer wieder neu.

Predigt

Liebe Gemeinde,

der 9. November ist für uns Deutsche kein Tag wie jeder andere. Die Ältesten unter Ihnen erinnern sich vielleicht noch an den 9. November 1918. Es ist das Ende des Ersten Weltkriegs. Die Niederlage des deutschen Reiches ist vor aller Augen. Auf den Straßen ist es unruhig. Der deutsche Kaiser Wilhelm II. wird zum Rücktritt gezwungen. Und in Berlin wird die Republik ausgerufen. Eine Zeit geht zu Ende. Viele Hoffnungen richten sich auf einen Neuanfang, auf die Demokratie und auf gerechte Lebensverhältnisse für Menschen in allen gesellschaftlichen Schichten.

Doch es dauerte nur 20 Jahre, und diese Hoffnungen waren für wenige klar Sehende zerplatzt wie eine Blase an der Börse. Viele in Deutschland hatten am 9. November 1938 aber der Stimme des größten Verführers geglaubt, den dieses Land, ja den wohl diese Welt je gesehen hatte. Es war nicht leicht, die gleiche Kriegsbegeisterung hervorzurufen wie 1914. Und doch zog Deutschland bald in den nächsten Krieg, den furchtbarsten. Vor allem für eine Minderheit hatte sich an diesem Tag, am 9. November, alle Hoffnung zerschlagen, hier in Deutschland noch sicher leben zu können. Jüdische Geschäfte wurden geplündert und zerstört, viele jüdische Bürger aus ihren Wohnungen gezerrt und verschleppt. Die Synagogen wurden in Brand gesteckt. Der Antisemitismus wurde sichtbar als die national vereinigende Ideologie, und die vorankündigenden Worte der Agitation wurden auf brutalste Weise in die Tat umgesetzt.

51 Jahre später, 1989, ist es wieder der 9. November, an dem sich die Verhältnisse in diesem Land radikal geändert haben. Diesmal zum Besseren. Die Mauer zwischen Ost und West fällt, und mit ihr wird auch die Teilung Deutschlands aufgehoben.

Zwei ungleiche Teile des Landes mit der gleichen Geschichte vor 1945 – danach ist sie in Ost und West sehr unterschiedlich verlaufen – müssen nun zusammenfinden. Auch die Gedenkkultur und der Stand des Bewusstseins sind in der DDR andere gewesen als in der BRD. Noch befinden wir uns in den Prozessen des Zusammenwachsens.

Liebe Gemeinde, gestern Abend war hier ein Film zu sehen, der in den 30er Jahren in Berlin spielt. Ich habe die „Comedian Harmonists" deswegen ausgewählt, weil mir dieser Film besonders geeignet erscheint, die gemeinsame Vergangenheit in Ost und West einen Moment lang gegenwärtig werden zu lassen. Wer heute noch vom 9. November 1938 berichten kann, war damals noch ein Kind – von wenigen Ausnahmen abgesehen. Und so stellt sich für die Gesellschaft schon seit einigen Jahren die Frage: Wie können wir ein angemessenes Gedenken an die Zeit der Diktatur, an die Verfolgung und Ermordung Andersdenkender, und vor allem: an einen in die schrecklichste Tat umgesetzten Antisemitismus wach halten? Wie ist es möglich, so von diesen Ereignissen zu sprechen, dass die Erinnerung daran die Zeitgenossen in ihrem Willen bestärkt: Nie wieder soll etwas Ähnliches hier in Deutschland möglich werden?

Dieser Film leistet hierzu einen Beitrag. Denn in ihm wird der Alltag in jenen Jahren gezeigt, jüngere Menschen vor allem, die ihr Leben in die Hand nehmen, ihre Fähigkeiten zur Ausbildung bringen und ihren Weg machen. Gezeigt wird die Normalität in dieser wirtschaftlich und bald auch politisch dürftigen Zeit. Nicht das Monströse, das Furchtbarste. Der Film ist vorsichtig mit der Darstellung von Gewalt, obwohl er darauf nicht verzichten kann.

Im Vordergrund steht die außerordentliche Erfolgsgeschichte eines Männergesangs-Quintetts. Erzählt wird von der Suche nach Glück, vom Gelingen in Zeiten allgemeinen Niedergangs, und schließlich auch vom Scheitern. Erst einmal ist dies aber die wunderbare Geschichte eines gesellschaftlichen Aufstiegs aus der wirtschaftlichen Depression heraus. Die Comedian Harmonists erlangen nicht nur in Deutschland, sondern weltweit Anerkennung. Doch der Antisemitismus, der Hass und die Gewalt brechen in das Leben ein wie ein Dieb in der Nacht; und er vermag in dieses Ensemble einzubrechen, weil drei ihrer Mitglieder den von den Nazis geforderten Ariernachweis nicht erbringen können – sie sind Juden, die zu ihrem Glauben, zu ihrer religiösen und kulturellen Prägung stehen. Der Fokus liegt ganz auf dem alltäglichen Leben dieser Sänger, ihren Beziehungen, ihrer nächsten Umwelt. Eben so erweckt der Film den Eindruck: Auch ich hätte damals hier leben können, auch ich hätte dabei sein können. So fern ist dieses vergangene Geschehen gar nicht. Und umgekehrt wird es auch vorstellbar, dass Ähnliches wieder geschehen könnte.

Die Geschichte der Comedian Harmonists ist leicht nacherzählt. Sie beginnt 1927, noch vor dem Börsenkrach und der darauf folgenden Wirtschaftskrise, in ganz einfachen Verhältnissen. Auf die Zeitungsanzeige von Harry Frommermann, eines sich mühsam durchschlagenden Musikers hin, findet sich die Gruppe zusammen, anfangs noch selbstverständlich aus Juden und Nichtjuden bestehend. In einer Zeit, in der sich der *Off-beat*, der synkopische Rhythmus aus Blues und Jazz langsam durchzusetzen beginnt, nutzt diese Gruppe eine Marktlücke. Mit einem „kleinen bisschen Glück" kommt sie nach einer langen und harten Zeit der Proben und nach derben Enttäuschungen auf eine der großen Bühnen Berlins. Denn, so der Manager des ersten Konzerts, „je dunkler die Zeit, desto heller müssen die Theaterbühnen scheinen." Dank des neuen Mediums Rundfunk werden die Comedian Harmonists bald allgemein bekannt.

Die Erfolgsidee bestand in neuen Arrangements bekannter Lieder und deutscher Schlager, der Weg zum Erfolg führte durch gruppendynamische Prüfungen. Denn jeder musste zum Gesamtklang beitragen, ohne sich selbst vor den und gegen die anderen zu profilieren. Im kreativen Prozess der musikalischen Selbstfindung dieser Gruppe ist die Szene besonders schön und eindrücklich, in der nach dem ersten Vorsingen und der Ablehnung eines Auftritts die Gruppe am Tiefpunkt wie Phönix aus der Asche aufsteigt. Die Depression verkehrt sich in neue Lebendigkeit dank eines kreativen Augenblicks der Improvisation. Nachdem der Pianist das vorher wie einen Trauermarsch gespielte Stück Duke Ellingtons etwas schneller, lockerer und leichter intoniert hatte, steigen die einzelnen Sänger nach und nach ein – und ein neuer Stil ist geboren. Der Durchbruch gelingt mit „Veronika, der Lenz ist da", der Manager der ersten Konzerte findet den international brauchbaren Namen. Es folgt Konzert auf Konzert.

Doch bald schon deutet sich die Gewalt auf den Straßen und auf einer sommerlichen Wiese an. Die strenge Marschmusik macht den leicht arrangierten deutschen Schlagern Konkurrenz, und das Radio wird immer mehr zum Medium der Intoleranz. Es verbreitet die Reden Hitlers und anderer Nazi-Größen, die Ideologie der arischen Rasse und den Antisemitismus. Als die nun in SA-Uniformen steckenden Schläger-Typen das jüdische Musikgeschäft demolieren, in dem vor allem die zwei Sänger aus- und eingehen, die sich in dieselbe Frau verliebt haben, will auch die inzwischen gleichgeschaltete Polizei nicht eingreifen. Wie die meisten in Deutschland lebenden Juden damals versteht der Inhaber, der für dieses Land im Ersten Weltkrieg gekämpft hatte, die Welt nicht mehr. Der Film zeigt auch, dass die wenigsten die Zeichen der Zeit deutlich genug erkannt hatten. Die meisten wollten noch nicht wahrhaben, dass diese Herrscher mit bitterem Ernst alles in die Tat umsetzen würden, was sie vorher in ihren Reden beschworen hatten. All das war auch kaum vorstellbar, wenn man sich mitten in diesen Ereignissen fand.

„Irgendwo auf der Welt gibt's ein kleines bisschen Glück" – die Comedian Harmonists hatten es für kurze Zeit gefunden, wenngleich nicht ohne Widerstände. Rivalitäten und Liebeskummer gehörten dazu, aber auch die nicht ganz leichte Entscheidung der Freundin eines der jüdischen Sänger, zum Judentum überzutreten. Auch „ein bisschen Seligkeit" findet sich auf dem Gipfel des Ruhms – „was kann jetzt noch kommen?" fragt einer der Musiker. Und er gibt sich selbst die Antwort: „Eigentlich nur der Abstieg." Die Schlingen, die die Diktatur in Deutschland gelegt hat, ziehen sich immer mehr zu. Die Reichsmusikkammer droht mit einem Arbeitsverbot für die nichtarischen Sänger, was die Auflösung des Ensembles bedeutet hätte. Und der Versuch, es dem Gauleiter Julius Streicher in Nürnberg recht zu machen, der bisher seine schützende Hand über die Gruppe gehalten hatte, misslingt – diesen inneren Spagat zwischen seinem Ekel angesichts der herrschenden Gewalt und seiner Solidarität mit den anderen Sängern kann vor allem der Gründer der Comedian Harmonists nicht durchhalten. Die Sentimentalität des Gauleiters entpuppt sich denn auch als bloße Kehrseite brutaler Macht; in deren Programm passen die Lockerheit und Leichtigkeit des Gesangs nicht mehr.

Eine letzte Chance, das Ensemble zu erhalten, bietet sich durch eine Einladung in die USA. Die Musiker hätten dort bleiben und die Frauen nachkommen lassen können, um einen neuen Anfang in freier Luft zu versuchen. Nach ihrer Rückkehr zerbricht die Gruppe an ihren inneren Spannungen. Der mit einer Jüdin verheiratete Pianist hatte sich aus der Ferne „unüberbrückbarer Gegensätze" wegen von seiner Frau scheiden lassen, und vor allem die Juden verstehen sofort: aus rassischen Gründen. Politisch war das damals nur allzu korrekt. 1935 kann in Deutschland nur noch ein letztes Konzert stattfinden, dank einer Ausnahmegenehmigung, weil der Saal ausverkauft ist. Ansonsten hat ein Auftrittsverbot dieser erfrischend lebendigen Musik ein Ende bereitet: inmitten verhärteter Strukturen, die schon den massenweisen Tod ankündigen.

Liebe Gemeinde, vieles in diesem Film passt wie eine Erläuterung zu dem biblischen Text, den wir vorhin in der Schriftlesung gehört haben. Da war die Rede davon, dass der Tag der Entscheidung „wie ein Dieb" kommen werde, wenn man nicht wachsam sei. Wer in der Finsternis ist, heißt es im 1. Thessalonicherbrief, der wird in der Nacht wie von einem Dieb überrascht. Für einige der Comedian Harmonists hatte es sich klar genug abgezeichnet, welche Finsternis über Deutschland hereingebrochen war, vor allem für die jüdischen Sänger, die sich angegriffen und verfolgt fühlten und hierbei der Realität näher waren als die anderen. Die gaben sich der Illusion hin, sich weiter durchschlagen und dabei einigermaßen aufrecht bleiben zu können. Das Bedürfnis, Bestehendes zu erhalten, führte zu einer Haltung, die menschlich-allzumenschlich ist: „Es wird schon alles nicht so schlimm werden", oder „Die Suppe wird nicht so heiß gegessen, wie sie gekocht wurde". Auch das kann ein Ausdruck von Nüchternheit sein, zu der der biblische Text auffordert. Es kann aber auch sein, wie es im Thessalonicherbrief heißt: „Wenn sie sagen werden: Es ist Friede, es hat keine Gefahr – dann wird sie das Verderben schnell überfallen wie die Wehen eine schwangere Frau, und sie werden nicht entfliehen." Wir wissen, dass nur wenige Juden rechtzeitig aus Deutschland fliehen konnten. Viele sind geblieben, und die wenigsten von ihnen haben überlebt.

Es ist damals nicht leicht gewesen, zwischen Licht und Finsternis früh genug zu unterscheiden. Und eine selbstverständliche

Mitmenschlichkeit, die wahrnimmt, was dem andern geschicht und die für ihn Partei ergreift, war in Deutschland selten geworden. Eine alte jüdische Legende überliefert aber, worauf es ankommt. Mit ihr möchte ich schließen: „Ein Rabbi fragte seine Schüler: ‚Wann ist der Übergang von der Nacht zum Tag?‘ Der erste Schüler antwortete: ‚Dann, wenn ich ein Haus von einem Baum unterscheiden kann.‘ ‚Nein‘, gab der Rabbi zur Antwort. ‚Dann, wenn ich einen Hund von einem Pferd unterscheiden kann‘, versuchte der zweite Schüler eine Antwort. ‚Nein‘, antwortete der Rabbi. Und so versuchten die Schüler nacheinander, eine Antwort auf die gestellte Frage zu finden. Schließlich sagte der Rabbi: ‚Wenn du das Gesicht eines Menschen siehst und du erkennst darin das Gesicht deines Bruders oder deiner Schwester, dann ist die Nacht zu Ende und der Tag ist angebrochen.‘"

Der Film endet mit einer Abschiedsszene am Bahnhof. Dort erkennen die beiden Rivalen um dieselbe Frau sich selbst als Brüder, als die Frau sich für einen von ihnen entschieden hatte – für den, der gehen musste. Doch solche Momente der Helligkeit und des Lichtes waren damals selten geworden, und mit ihnen ging die menschliche Gestalt der Gesellschaft verloren. Lasst uns beten, liebe Gemeinde, dass wir immer wieder aus der Nacht der Selbstbezogenheit aufwachen, um mit dem beginnenden Licht im Angesicht des anderen den Bruder oder die Schwester zu entdecken. Amen.

LIED NACH DER PREDIGT
EG 626, 1-4 (Manchmal kennen wir Gottes Willen)

FÜRBITTENGEBET

„Gott Israels und der Kirche,
wir stehen vor dir mit der Last der Geschichte
unseres Volkes und unserer Kirchen.
Du hast Israel zuerst berufen
und zum Zeugen deiner Liebe erwählt.
Generationen unserer Vorfahren haben sich
dieser biblischen Wahrheit verschlossen
und sie durch judenfeindliche Irrlehren ersetzt.

So wurden sie kalt und mitleidslos
gegenüber jüdischem Schicksal
und zu Wegbereitern schwerster Verbrechen
gegen die Juden Europas.
Überall in unserem Land beteiligten sich Menschen
daran,
Gotteshäuser zu zerstören,
Schriftrollen mit deinem heiligen Namen zu verbrennen,
Menschen deines heiligen Volkes
zu demütigen,
zu quälen,
zu ermorden.

Herr, wir bitten:
Erbarme dich des jüdischen Volkes.
Lass es bei uns und überall in Frieden leben
und sicher wohnen.
Erbarme dich derer, die Juden hassen
und ihnen Gewalt zufügen.
Lass sie umkehren
und richte unsere Füße auf den Weg des Friedens.
Herr, erbarme dich unser,
die wir Verantwortung für dieses schwere Erbe
zu tragen versuchen,
die wir umkehren wollen zu dir
und noch nicht wissen, ob unsere Umkehr Bestand
haben wird.
Wecke in uns immer neu die Liebe zu deinem
ersterwählten Volk
und lass uns zusammen mit ihm
der Welt ein Segen sein."[1]

VATERUNSER

---

1 Erinnerung und Umkehr. Novemberprogrome 1938, 9. November 2008: Handreichung zu einem ökumenischen Gottesdienst oder zu einer Stunde der Erinnerung, hg.v. der Arbeitsgemeinschaft Christlicher Kirchen in Baden-Württemberg (2008), Stafflenbergstraße 46, 70184 Stuttgart (*www.ack-bw.de*), S. 14f.

EG 655, 1-3 (Freunde, dass der Mandelzweig)

Segen

Literatur

Die jüdische Legende aus den Erzählungen der Chassidim findet sich zitiert in: R. Haug, Predigtmeditation zum drittletzten Sonntag des Kirchenjahrs (9. November): 1 Thessalonicher 5, 1-11, in: Für Arbeit und Besinnung. Zeitschrift für die Evangelische Landeskirche in Württemberg, Heft 20 (15. Oktober 2008), Stuttgart 2008, 14f.

15 Lehre uns bedenken, dass wir sterben müssen: *„Das Beste kommt zum Schluss"* (Dritter Sonntag nach Epiphanias[1])

Predigt am 25.1.2009

Biblisches Motto (Wochenspruch):
„Es werden kommen von Osten und von Westen, von Norden und von Süden, die zu Tisch sitzen werden im Reich Gottes."
(Lukas 13, 29)

EINGANGSLIED
EG 70, 1.3.4 (Wie schön leuchtet der Morgenstern)

PSALM 71 [732]

EINGANGSGEBET
Treuer Gott,
was auch immer geschieht –
Du willst uns beistehen,
Du willst uns helfen.
Denn du verlässt uns nicht.
Das gilt, wenn wir jung sind und voller Kraft,
stark, unseren Weg zu gehen.
Das gilt aber auch,
wenn wir nicht mehr alles können was wir wollen,
wenn wir älter werden,
wenn wir mit einem begrenzten Radius leben müssen.

Du willst, dass wir den Tag ergreifen,
und dass wir genießen, was du uns geschenkt hast:

---

1 Thematisch passt diese Predigt auch gut ans Ende des Kirchenjahres.

die Fülle eines Augenblicks,
die Schönheit dieser Welt,
die erhabene Größe der Natur.

Und doch liegt die Wahrheit nicht nur in den
äußeren Dingen.
Sie liegt in der Tiefe, verborgen oft.
Hilf, dass wir sie finden, die Wahrheit unseres Lebens.

SCHRIFTLESUNG Jesaja 46, 3f.

PREDIGTTEXT Psalm 90, 12

LIED VOR DER PREDIGT (Wochenlied)
EG 293, 1.2 (Lobt Gott, den Herrn, ihr Heiden all)

PREDIGT

Liebe Gemeinde,

woran wird die Bedeutung eines Lebens gemessen? Mit dieser
Frage beginnt der Film, der gestern Abend hier zu sehen war.
Auf eine so humorvolle wie tief gehende Weise zeigt er, dass wir
umgehen müssen mit der Einsicht: unser Leben ist begrenzt.
Dem Zuschauer wird vor Augen und Ohren geführt, was die
Bitte aus dem 90. Psalm bis heute besagt und welch tiefe Le-
bensweisheit darin steckt: „Herr, lehre uns bedenken, dass wir
sterben müssen, damit wir klug werden." Einfach ist die Einsicht in die Endlichkeit unseres Lebens nicht zu haben. Meist
bedarf es dazu einer tief einschneidenden Unterbrechung. Im
Film ist dies die schwere Krankheit zweier alter Männer, die mit
der gleichen Diagnose Krebs zufällig Bettnachbarn werden.
Wenngleich unter anderen Bedingungen beginnt so für beide
ein Lernprozess, wie sie mit der Aussicht, sterben zu müssen,
umgehen, und wie sie sich dabei gegenseitig helfen können.
    „45 Jahre vergehen ziemlich schnell", sagt der eine, Curter
mit Namen. Und der andere, Eduard, antwortet: „wie Rauch,
der durch ein Schlüsselloch zieht." In ihren Dialogen verstehen
sie sich bald, auch wenn die Biographien der beiden kaum unterschiedlicher hätten verlaufen können. Curter, gespielt von
Morgan Freeman, hatte in jungen Jahren sein Studium abge-
brochen, weil seine Freundin schwanger geworden war. Um

eine Familie gründen zu können, wurde er Automechaniker: die Arbeit diente dem Broterwerb, in den familiären Beziehungen fand er seinen Lebenssinn. So war sein Leben in geordneten, gleich bleibenden Bahnen verlaufen, bis die Krankheit ihn nun aus dem gewohnten Alltag gerissen hatte. Für Eduard, gespielt von Jack Nickolson, war es umgekehrt gewesen: Die einzig erfolgreiche Ehe hatte er mit seiner Arbeit geschlossen, nie aber war er lange genug verheiratet, um Kinder in die Welt zu setzen – mit einer Ausnahme, die er allerdings erst später verrät. Seit seinem 16. Jahr hatte seine Leidenschaft darin bestanden, Geld zu machen, sich damit ungeahnte Möglichkeiten zu erschließen und dem exquisiten Genuss die erste Stelle einzuräumen. So hatte er es zum Milliardär gebracht, dem auch das Krankenhaus gehört, in das er nun zu liegen kommt.

Angesichts der harten medizinischen Diagnosen verblassen diese Unterschiede in der Herkunft aber recht schnell. Und die harten Realitäten einer – aller öffentlichen Darstellung zum Trotz bestehenden – 2-Klassen-Medizin werden weich in der Solidarität der beiden Männer. Nicht das Gesundwerden versprechen die Ärzte, sondern eine kurze Spanne noch verbleibender Lebenszeit stellen sie in Aussicht. Und diese Monate werden von beiden nun intensiv ausgefüllt. Carpe diem, ergreife den Tag und fülle ihn so intensiv wie möglich – so lautet die Devise, der die beiden Männer, bei allen Differenzen solidarisch geworden in ihrem gleichen Schicksal, nun folgen. Geld spielt keine Rolle, denn Eduard lädt Curter ein. Und für den bietet sich die Gelegenheit, tun zu können, worauf er Jahrzehnte verzichtet hatte. Noch bettlägerig erinnert er sich an die „Löffel-Liste", die anzulegen ihm ein Lehrer einmal empfohlen hatte. Man solle aufschreiben, was im Leben zu tun sei, ehe wir den Löffel abgeben. Und eine solche Liste unterschiedlicher Ziele stellen die beiden nun zusammen. Die Erfüllung von Träumen heranwachsender Jungen gehört dazu, Spielerisches wie ein Autorennen. Ziel ist aber auch, etwas Majestätisches zu erfahren. Und so gehen sie Fallschirmspringen. Das Große und Erhabene suchen sie sodann auf einer Weltreise im Privat-Jet, die über den Nordpol an die Südküste Frankreichs geht, auf eine Safari nach Tansania und zu den Pyramiden nach Ägypten.

Wie nebenbei gerät diese gemeinsame Erlebnisreise für beide aber zu einem Anlass, ihr Leben Revue passieren zu lassen. Die Gespräche gewinnen an Offenheit und Ehrlichkeit, und so gesteht Eduard im Angesicht einer Pyramide, dieses majestätischen Grabsteins der Antike, dass er eine Tochter hat, Emelie, zu der aber kein wirklicher Kontakt besteht. Er selbst will sich die schmerzende Lücke kaum eingestehen, von deren Leben abgeschnitten zu sein, aber Curter hatte diese Erinnerung in ihm wachgerufen. Einer Legende zufolge soll die Seele des Verstorbenen nämlich zwei Fragen beantworten, damit man ihr Durchlass an der Himmelspforte gewähre: „Ist es dir gelungen, Freude im Leben zu finden?" Und „hat dein Leben anderen Freude gemacht?" So wird die Löffel-Liste in den Gesprächen ergänzt, die die beiden zu Freunden werden lässt. Curter hatte ursprünglich schon darauf geschrieben: „einem fremden Menschen etwas Gutes tun", oder „lachen, bis man weinen muss".

Worin besteht nun aber die Klugheit, die diese beiden alten Männer im Angesicht ihres nahen Todes gewinnen? Anstatt sich auf das Experiment neuer Therapien einzulassen, die sie weiter an das Krankenhaus gebunden hätten, suchen sie, den Augenblick so intensiv wie möglich zu erleben. Die gewonnene Klugheit besteht in einer *ersten* Hinsicht darin, in freier Entscheidung die verbleibende Lebenszeit zu genießen. Eduard ermöglicht Curter eine Weltreise, die weiter nach China, an den Fuß des Mount Everest und schließlich nach Hongkong führt. So kann er in einer Verdichtung von Zeit bisher Ungelebtes nachholen. Gebildet ist er durchaus – von vielen Stätten, die er nun sieht, hatte er schon gelesen. Für ihn ist es ein Herausgehen aus dem Gewohnten, aus den Begrenzungen seines Alltags – auch gegen den Widerstand seiner Frau, die ihm weitere Therapien vermitteln will. In einem der freundschaftlichen Gespräche mit Eduard verrät er, dass nach dem Auszug der Kinder aus dem Haus auch eine gewisse Entfremdung zwischen den Eheleuten eingetreten war. Er ist „als ein Fremder gegangen", sagt seine Frau am Ende, doch er ist „als Ehemann zurückgekehrt". Eduard geht auf diese Reise, um das, was er ist, bleiben zu können. Durch die Unterbrechung des Bisherigen wird er seines Lebens gewiss. Doch dazu bedarf es eben dieser Reise. Am Fuße des höchsten Berges der Welt, der ihn schon immer fasziniert hatte, diesem Majestätischsten vielleicht in der Natur, deutet sich eine Wende an. Der Berg verhüllt sich bis zum nächsten Frühjahr, als wäre das eine Botschaft, den Rückweg anzutreten und das Große, das Erhabene, in einer anderen Sphäre des Lebens zu suchen.

Und darin besteht nun die Klugheit in einer *zweiten* Hinsicht. Jetzt wird Curter Schritt für Schritt für Eduard zu jemandem, der mehr gibt, als er nimmt – wenngleich auf einer anderen als der materiellen Ebene. Kommt es denn im Leben in erster Linie darauf an, seine Träume zu leben? Ja, darauf kommt es an (sagt der Film – und die Bibel würde nicht widersprechen), sonst hätte Curter sich gar nicht auf diese Weltreise mitnehmen lassen. Doch es kommt nicht darauf an, sich alle Wünsche zu erfüllen. Die Wahrheit des alten Ratschlags, die Zeit auszukaufen, besteht nicht darin, dass man Erlebnis an Erlebnis reiht und eine immer noch größere Steigerung erwartet.

Und so drängt sich die Frage nach dem tieferen Sinn des Lebens dem Ende zu mit immer größerer Macht in den Vordergrund. Eduard, der Lebemann und Abenteurer, scheint sie noch nie so recht gestellt zu haben. Und so sucht er denn auch die Reihe der Erlebnisse – gegen den Willen Curters – bis in die Sphäre der Erotik voranzutreiben. Denn auf der Löffel-Liste steht auch: „das schönste Mädchen auf der Welt küssen". So wird er zum Versucher für den neu gewonnenen Freund im Alter, der bisher ein Leben lang treu mit seiner Frau gelebt hatte. Eduard, der die letzte Grenze noch ausreizen will, setzt nun in einem Nobelhotel in Hongkong eine Schönheit für Geld auf Curter an. Da schlägt für seinen Kollegen der Endlichkeit die Stunde der Wahrheit. Wie Schuppen fällt es ihm von den Augen: Der Sinn seines Lebens besteht eben nicht nur in einer steten Steigerung von Erlebnissen, sondern auch in einer Treue zu sich selbst – der Treue zu den einmal getroffenen Lebensentscheidungen. In einer flexiblen Erlebnisgesellschaft verhüllt sich diese Dimension der Treue manchmal: in ihr zeigt sich aber eine Erhabenheit anderer Art als die der Natur, eine Größe aus menschlicher Freiheit. Doch sie kann im Nebel der Bilder verschwimmen, in denen Träume sich verdichten. Das, worauf es in der Tiefe, im Kern ankommt, kann auf diese Weise verloren gehen. Denn in der Vielfalt des Möglichen kann man sich wie in einem Labyrinth verirren und das Eigentliche übersehen.

Diese Einsicht, plötzlich gewonnen wie in einem Augenblick, im Angesicht einer Versuchung, lässt die beiden nach Amerika zurückkehren. Dort revanchiert sich Curter für die vom Gefährten angezettelte Szene an der Hotelbar. Er lässt den Chauffeur zum Haus von Eduards Tochter fahren, und konfrontiert ihn mit der Lücke in seinem Leben, die der gern weiter verdrängt hätte. Auch für ihn schlägt nun die Stunde der Wahrheit, wenngleich auf eine andere Weise. Nachdem die Freundschaft in diesem Moment beinahe zerbrochen wäre und beide wieder in ihr gewohntes Umfeld eintreten – der eine in den Kreis seiner Familie, der andere in die Einsamkeit seines für ihn allein viel zu großen Hauses –, wird auch der Rest der Liste noch abgearbeitet. Vor der Operation, die Curter nicht mehr überleben wird, hat er noch die Chance, dem Freund einen Brief und ein Wort auf den Weg zu geben: „Finde die Freude in deinem Leben." Jetzt erst sucht Eduard seine Tochter auf, um zum ersten Mal seine Enkelin zu sehen – in ihr findet er „das schönste Mädchen auf der Welt" und küsst es. Weil auch er klug geworden ist im Angesicht des Todes, wenngleich auf eine andere Weise als sein Freund, sagt er dann auch in seiner Trauerrede: „Die letzten Monate seines Lebens waren die besten in meinem Leben."

Liebe Gemeinde, besteht die Klugheit, die wir gewinnen können, in diesen beiden Aspekten: *Erstens* jeden Tag, jeden Augenblick so intensiv zu erleben wie möglich, um die Zeit auszukaufen, die uns gegeben ist? Und *zweitens* das Majestätische im Leben nicht nur in der Natur, sondern auch in den zwischenmenschlichen Beziehungen zu suchen, dort, wo wir nicht nur selbst zur Freude finden, sondern auch andern zu einer Freude werden können? Es gibt auf der Linie unseres Psalmwortes noch eine *dritte* Hinsicht, die im Film zwar angesprochen wird, auf die er sich aber nicht festlegen will. Sie wird überall da berührt, wo die geschilderte Weltreise auch zu einem Streifzug durch die Vielfalt der Religionen und ihre Jenseits-Vorstellungen wird. Immer wieder kommt das Gespräch der Freunde auf die Frage, welcher Glaube den einzelnen in seinem Leben trägt. Für den Familienmenschen Curter ist der Glaube tragend, dass Gott die Welt geschaffen hat in all ihrer Schönheit und Erhabenheit, doch auch mit der schmerzlichen Realität, dass wir Menschen endliche Wesen sind. Dass sein Leben auf diesen Grund gebaut ist, wurzelt tief in seinem Gefühl.

Demgegenüber bietet Eduard alle Argumente des Kopfes dagegen auf, dass es einen Gott geben sollte, dem wir uns im Leben und im Sterben anvertrauen können. Er möchte jedem Glauben widerstehen, doch auch seine nüchterne Einsicht, dass sich „das große Karussell weiter dreht, wenn wir gehen", ist freilich ein Glaube.

Worin liegt die Bedeutung eines Lebens? So lautete die Frage zu Beginn des Films, und er lässt am Ende zwei Antworten gelten: Die Bedeutung eines Lebens wird an denen gemessen, die zurück bleiben, und d.h. sie wird gemessen an der Liebe und am Glauben, wie immer der sich dann genauer begründet. Dass das menschliche Leben nicht die geringste Bedeutung habe – diese dritte Möglichkeit des Anfangs wird am Ende ausgeschlossen. Denn auch der Skeptiker Eduard ließ sie nicht mehr gelten. An der Gestalt Curters jedoch lässt sich ein Vertrauen in den Grund unseres Daseins festmachen, dass wir von guten Mächten wunderbar geborgen sein können. Denn Gott verwirft uns nicht in der Zeit des Alters und der Krankheit. Der Glaube an die Treue Gottes ist aber gebunden an die Treue zu uns selbst und zu unseren Lebensentscheidungen. Hier besteht ein unauflösbares Wechselverhältnis: der Glaube an die Treue Gottes macht unsere menschliche Treue möglich, und durch unsere menschliche Treue kann der Glaube an die Treue Gottes gestärkt werden.

Gebe Gott, dass er uns den Weg zur ganzen Klugheit weise, die in unserem Wissen entsteht, dass wir einmal werden sterben müssen. Er möge uns bewahren in den Versuchungen, in die auch noch die Einsicht in die Endlichkeit unseres Lebens führen kann. Und er stärke uns in dem Vertrauen, dass er uns auch dann nicht verwirft, wenn die Kräfte nachlassen und wenn das Alter unseren Radius beschränkt. Amen.

LIED NACH DER PREDIGT
EG 518, 1-3 (Mitten wir im Leben sind mit dem Tod umfangen)

FÜRBITTENGEBET[2]

Lasst uns beten
für alle Lebensalter,
für alle Menschen, die jung oder alt

---

2   In Anlehnung an eine Vorlage aus: Beten im Alltag, 72-74.

zueinander gehören
oder miteinander durchs Leben gehen.

Lasst uns beten
um Sorge und Achtung füreinander,
dass wir eines Sinnes sind
und versuchen,
glücklich zu sein.

Lasst uns beten
für alle Kinder,
die klein und wehrlos sind,
und um eine glückliche Jugend,
dass sie gerade wachsen
und nicht verbildet werden.

Lasst uns beten
für alle betagten Menschen,
dass ihr Herz jung bleibe.
Um Weisheit und Offenheit
bitten wir für sie,
dass sie nicht neidisch seien oder rechthaberisch,
sondern ihren Kindern
Raum zur Entfaltung lassen.

Lasst uns beten
für alle an Jahren Alten,
dass sie nicht trostlos zurückbleiben,
dass sie mit ihrer Lebenserfahrung
vielen dienstbar seien,
dass sie Achtung und Zuneigung erfahren mögen.
Wir bitten auch für jene,
die sich abmühen mit Krankheit,
und für alle Furchtsamen
und denen bang ist vor dem Tod.
Licht und Glauben,
Ruhe und Frieden erbitten wir für sie.

Lasst uns beten
für uns selbst,
dass wir, jung oder alt, durch Gottes Gnade
neue Menschen werden mögen,
immer wieder,

dass wir Zwietracht und Misstrauen
aus unserer Mitte verbannen,
dass wir die Liebe nicht abbrechen,
wenn uns auch viele Jahre trennen,
dass Gott der Herr unser Beieinander bewahre
als Vater und Sohn,
als Mutter und Tochter,
als eine Familie, als Gottes Volk,
darum bitten wir.

VATERUNSER

SCHLUSSLIED
EG 72, 1-4 (O Jesu Christe, wahres Licht)

SEGEN

Epilog

„Was nie geschrieben wurde, lesen"

Ein homiletischer Essay

> „Dem Prediger bzw. der Predigerin ist ... die alte christliche Praxis der doppelten Lektüre zu empfehlen: im Buch der Schrift und in den Bildern der Medienkultur. Daraus können Gespräche ... erwachsen, die zur wechselseitigen Erschließung mit dem Ziel der Vergewisserung, Orientierung und Erbauung beitragen."
>
> *Jörg Herrmann*[1]

Film-Predigten: Bewusst mehrdeutig ist der Titel dieser kleinen Auswahl. Zum einen besagt er: *Es gibt Filme, die predigen.* Nachdem er den Film gesehen hat, geht der Zuschauer erfreut und erbaut nach Hause, als hätte er eine gute Predigt gehört. Oder er ist angeregt worden durch den *plot*, durch einzelne Szenen, durch Dialogfragmente, auch über sich selbst nachzudenken. Denn hier kam das Leben selbst zu einer Sprache der Bilder, Töne und Worte, gleichwie auch in unserer Erfahrung diese Medien meist in Mischungsverhältnissen auftreten. „Das ist mein Film", sagt der zufriedene Betrachter für sich.[2]

Das Publikum durchlebt im Film die Geschichten, die er erzählt. Als ganzer Mensch, der mit den Augen sieht, mit den Ohren hört und die sinnlichen Eindrücke auch mit dem Gefühl wahrnimmt und aufnimmt, lässt er sich in die Erzählung hinein nehmen. Für die Dauer der Spielzeit und in seiner Erinnerung ist es ihm so, als wäre er dabei gewesen. Das Medium

---

[1] J. Herrmann, Predigen in der Mediengesellschaft. Homiletische Herausforderungen der Gegenwart, in: IJPT 2007/2, 255-265, 265.

[2] Auch W. Winkler hat sich von diesem subjektiven Kriterium leiten lassen, als er das Kino zum Gegenstand einer „kleinen Philosophie der Passionen" gemacht hat. Im Rückblick auf seine jungen Jahre schreibt er: „Das waren meine Filme: *American Graffiti, Die letzte Vorstellung* und *Im Lauf der Zeit"* (Ders., Kino. Kleine Philosophie der Passionen, München 2002, 28).

Film nährt die Illusion, die Wirklichkeit in ihrer sinnlichen Mehrdimensionalität abzubilden, auch wenn die hier dargestellte Realität freilich immer inszeniert oder (im Fall von Dokumentationen) in bestimmten Blickwinkeln wahrgenommen ist. Spielfilme, und mit ihnen suchen die hier vorgelegten Predigten das Gespräch, sind mit Inhalt gefüllt durch das Drehbuch und lebendig geworden durch die Darsteller, deren Haltung, Mimik, Gestik und die Art, in der sie ihre Dialoge vortragen; Spielfilme sprechen die Emotionen an durch den *soundtrack* und erzeugen Spannung durch den Schnitt, welcher der Erzählung einen Schub oder Zug verleiht.

Der Film zeigt ein Leben, das in Bewegung ist[3], und er zeigt es so, dass er vermittels der Sinne auf den ganzen Menschen als Zuschauer wirkt. Bei aller Begleitung durch Musik, deren Wirkung kaum hoch genug zu veranschlagen ist, bleibt das Kino doch primär und ursprünglich ein Ort der Bild-Kunst. Im visuellen Medium des Films hat der Kinogänger „etwas gesehen … in Filmen, die etwas gesehen haben."[4] Sie vermögen aber auch das innere Leben des Menschen darzustellen, insofern sie vermittels der Technik des Bildschnitts Rückblicke und Vorausschau in den Gang ihrer Erzählungen integrieren.[5] Der Film kann somit den komplexen Vorgang der *Erinnerung* ebenso anschaulich werden lassen wie den der *Antizipation*.[6] Oder aber er

---

3 Vgl. J. Hörisch, Eine Geschichte der Medien. Von der Oblate zum Internet, Frankfurt a.M. 2004, 297f. „Der Film bildet ein System hochbeweglicher Zeichen, die selber Bewegungen zwischen Sichtbarem und Unsichtbarem, Fremdem und Eigenem auslösen" (Schneider-Quindeau, Bewegte Blicke [s.o. S. 5], 150).

4 Chr. Petzold, Lesen, in: F.A.Z. Nr. 111 (14. Mai 2009), S. 34.

5 Inwiefern sie den Retentionen und Protentionen des Bewusstseins ähnlich sind, die die Phänomenologie Husserls beschrieb, wäre eigens zu untersuchen.

6 Als ein älteres Beispiel hierfür sei „Vertigo" (USA 1958; Regie: A. Hitchcock) genannt: die Wiederholung einer typischen Situation der Angst, aus der Höhe in die Tiefe zu stürzen, führt hier zur Aufklärung eines Falls. In „Vermisst [Missing]" (USA 1982; Regie: Costa-Gavras) gibt der Bildschnitt Schritt für Schritt Einblick in einen dunklen Zusammenhang von Gefangennahme, Folter und Mord während des Militärputsches in Chile im September 1973. Neuere Beispiele für die filmische Rekonstruktion von Erinnerung finden sich etwa in „Memento"

nutzt den Bildschnitt, um Episoden so miteinander zu verknüpfen, dass die Gleichzeitigkeit des Ungleichzeitigen in der globalisierten Welt der Gegenwart anschaulich werden kann, wie das dem Film „Babel" gelungen ist.[7] Vor allem als eine moderne Art, multimedial zu erzählen, können Filme rezipiert werden wie narrative Predigten. Filme gehen auf „die großen Lebensthemen wie Geburt und Tod, Liebe und Einsamkeit, Versuchung und Bewährung, Scheitern und Erlösung" ein.[8] Manchmal geschieht das auch so, dass sie – wie die gute Erzählung – dem Hörer (und respektive dem Zuschauer) Rat wissen.[9] Sie erschließen einen offenen, weiten Horizont des Lebens, zu dessen Deutung sie Angebote machen. Nicht nur das *happy end* repräsentiert eine „Erlösung, die uns als Zuschauer erleichtert aus dem Kino gehen lässt"[10]; manchmal sind es auch Risse im Erzählstrang, Lücken in der drohenden Gefahr, Öffnungen in einer Situation des Leidens (und sei es nur durch das Mienenspiel auf den Zügen eines Gesichts), die auch noch über die stärkste Negativität hinausweisen.

Zum anderen besagt der Titel dieser Sammlung aber auch: *Es gibt Filme, die geeignet sind, dass eine Predigt näher auf sie eingeht.* Denn in Filmen ist aktuelle Lebenserfahrung verdichtet. „Wie Seismographen" gestalten sie „die Themen, die die Menschen heute interessieren und bewegen."[11] Hier schaut sich

---

(USA 2001; Regie: Chr. Nolan) oder – verworrener noch – in „Mulholland Drive" (USA 2001; Regie: D. Lynch).

7 „Babel" (F / USA / Mexiko 2006; Regie: A.G. Iñárritu). Vgl. andere Episoden-Filme wie etwa „Night on Earth" (USA 1991; Regie: J. Jarmusch).

8 Vgl. Th. Damm, „Unterwegs im Auftrag des Herrn". Fünf Thesen zum Verhältnis von Kirche und Kino, in: DtPfrBl 7/2008, 365.

9 W. Benjamin, Gesammelte Schriften (=GS I-VII), Frankfurt a.M. 1972ff., hier: GS II/2, 464. Dass der Erzähler nicht nur „für manche Fälle, sondern wie der Weise: für viele" Rat weiß, ist aber Benjamin zufolge daran gebunden, dass er „auf ein ganzes Leben zurückzugreifen" vermag. „Seine Begabung ist: sein Leben, seine Würde: sein *ganzes* Leben erzählen zu können." Wenige Filme werden diesem Anspruch genügen können. Und doch ist Lebenserfahrung in den Filmen kondensiert, die für die hier vorgelegten Predigten ausgewählt worden sind.

10 Damm, Fünf Thesen, ebd.

11 Damm, Fünf Thesen, ebd.

eine Zeit wie in einem Spiegel selbst ins Angesicht. Hier ist eine existentielle Frage, etwas Menschlich-Allzumenschliches, auf eine angemessene und treffende Weise dargestellt. Es lohnt, mit solchen Filmen das Gespräch aufzunehmen. Sie können als Beispiel fungieren, um *anschaulich* zu machen, was der theologische *Begriff* besagt, und um durch Nacherzählung plastisch werden zu lassen, was als gegenwärtige Erfahrung den tradierten Gehalten in den biblischen Texten entsprechen könnte.[12] Filme können aber auch als eine neue Form der ihrerseits „erzählenden Predigt"[13] die Kanzelrede dazu herausfordern, im Sinne des Evangeliums einen Schritt über die Aussage des Films hinauszugehen. Zuweilen ist prägnanter noch zu präzisieren, welche Art der Befreiung, Erlösung und Versöhnung im Licht der frohen Botschaft gemeint ist.

Filme beider Art – solche, die selbst predigen, und solche, die als Beispiel dienen – sind in diese Auswahl aufgenommen, um in der Predigt besprochen und interpretiert zu werden. Oft erfüllen die Filme für die Predigt beide Funktionen. Immer aber ist das Filmbeispiel gewählt worden, um die Erfahrungswirklichkeit des gegenwärtigen Lebens so aktuell und anschaulich wie möglich vor das innere Auge der Gottesdienstbesucher zu stellen. Nicht selten werden die Filme dadurch „durchsichtiger", dass sie im Licht des Evangeliums interpretiert werden, und es erschließen sich Horizonte, die in ihnen selbst vielleicht verborgen sind. Schließlich antworten die hier vorgelegten Film-

---

12 G. Ebeling hat die Vermittlungsaufgabe der Predigt (in produktiver Weiterentwicklung der Theologie Martin Luthers) aus drei polaren Spannungsverhältnissen erschlossen, außerhalb derer die „Sache der Theologie" nicht in den Blick kommen kann: aus der „Spannung von überliefertem und gegenwärtigem Wort", von „Glaubensinhalt und Lebenserfahrung" und von „Glaubensgrund und Glaubensäußerung". Hervorgehend aus diesen Spannungsverhältnissen müsse die Predigt ein „eigenes", „konkretes" und „freies" Wort des Predigers sein, das den Text „fortführe". Auf diese Vermittlungs- und Gestaltungsaufgabe suchen die Filmpredigten auf ihre Weise einzugehen (vgl. Ders., Fundamentaltheologische Erwägungen zur Predigt, in: A. Beutel/V. Drehsen/H.M. Müller [Hg.], Homiletisches Lesebuch. Texte zur heutigen Predigtlehre, Tübingen 1989, 68-83, 72).

13 Vgl. W. Gräb, Art. Medien, in: Ders./B.Weyel (Hg.), Handbuch Praktische Theologie, Gütersloh 2007, 149-161, 151.

Predigten aber auch auf die Frage, ob nicht viele Zeitgenossen „den visuellen Botschaften" ausgeliefert sind, „weil wir sie konsumieren, ohne sie in ihrer oft unterschwelligen Wirkweise zu verstehen, geschweige denn, sie analysieren zu können."[14] Sind wir der Fülle der Bilder ausgeliefert, die uns umgeben wie das Meer den Schwimmer, den einsamen Segler, und die manchmal zu überfluten drohen wie eine Welle oder ein Wasserfall? Die hier nur am Beispiel zu bewährende Antwort lautet: Nein, wenn die christliche Deutungsperspektive „in der Interpretation des Alltags ... explizit" gemacht wird, so dass man sich in der Fülle der Bilder orientieren kann. Eben so vermag die Kirche „die Medien auch wieder zu eigenen Zwecken [zu] nutzen"[15], nachdem diese ihr in der Moderne eine spürbare Konkurrenz zu ihrem tradierten Mediengebrauch gemacht hatten.[16]

1. Die Idee zu einer Film-Predigt

Wie bei jeder Rede, so kommt es auch bei der Predigt auf die leitende Idee an, auf die *inventio*. Auch bei einer traditionellen Predigt, die den biblischen Text in seiner philologischen Gestalt *expliziert* und auf die Lebenssituation der Gemeinde *appliziert*, ist die Idee nicht unmittelbar durch den Text schon gegeben.[17] Wer über einen Text predigt, sollte das Thema seiner religiösen Rede benennen können, weil nur mit Bezug auf seine orientierende und ordnende Funktion der Zusammenhang des Gesagten für die Hörer nachvollziehbar sein kann. Schon in einem rhetorischen, nicht erst in einem spezifisch theologischen Sinne

---

14 Damm, Fünf Thesen, ebd.

15 Gräb, Art. Medien, 158.

16 Vgl. dazu: Dober, Die Zeit ins Gebet nehmen. Medien und Symbole im Gottesdienst als Ritual, Göttingen 2009, 128ff.

17 In *explicatio* und *applicatio* hatte die altprotestantische Orthodoxie die Predigtaufgabe ausdifferenziert. Noch K. Barth hat sich in seiner Homiletik aus dem Jahr 1932/33 an dieser Unterscheidung orientiert, auch wenn er freilich durch die Dialektik seiner Theologie vom Worte Gottes einer bloß schematischen Anwendung widerstanden hatte. Vgl. Dober, Evangelische Homiletik. Dargestellt an ihren Monumenten Luther, Schleiermacher und Barth mit einer Orientierung in praktischer Absicht, Münster 2007, 106ff.

ist das zu fordern für die klassische Homilie, die davon ausgeht, dass der Text das zusammenhängende Gerüst der Predigt schon wie ein Bauplan vorgebe. Implizit ist es auch hier das *Thema,* das der Text behandelt, sei dies die Frage nach der Bedeutung des Gottesreiches in den Gleichnissen Jesu, nach der durch Christus in die Welt gekommenen Erlösungsbotschaft in den Briefen des Paulus, nach der Realisierung der Gerechtigkeit in den sozialen und politischen Verhältnissen bei den Propheten etc. Sobald nun aber auch im herkömmlichen homiletischen Schema die applicatio sich auf die gegenwärtige Erfahrung der Gemeinde und die Wirklichkeiten einlässt, in denen wir leben, wird der Text keineswegs bloß mehr zu „wiederholen", sondern auszuführen, ja „fortzuführen" sein.[18] Um wie viel mehr wird dieser Anspruch aufrecht erhalten werden müssen, wenn das Beispiel einer Predigt in der Nacherzählung einer Filmszene oder gar des *plots* eines Films besteht: In einem solchen Fall kommt es nicht nur darauf an, dass das Thema des Films und das des biblischen Textes in größtmöglicher Übereinstimmung gesehen werden können. Darüber hinaus muss die Integration eines Filmbeispiels geleitet sein von der Idee der Predigt, die als eine Konstellation zu begreifen ist.[19]

Gemeint ist, dass eine Wahrnehmung von Ähnlichkeiten für eine solche Integration leitend sein muss. Sie ist für die menschliche Welterfahrung immer schon charakteristisch gewesen, hat doch früh schon der Blick in den bestirnten Himmel zu Vergleichen der Sternbilder mit Gegenständen der Alltagswelt geführt. Eine zufällig sich der Wahrnehmung zeigende Ansammlung von hellen Punkten, die sich Nacht für Nacht am Himmel zeigen, wurde mit der Skizze einer Waage, eines Löwen, eines Skorpions und dergleichen identifiziert. In der chaotischen Vielzahl der Ansammlung von Punkten stellt sich diese Wahrnehmung von Ähnlichkeiten allerdings immer wieder nur im Augenblick ein: Indem eine „Gestirnkonstellation" wieder erkannt wird, zeigt sie sich „flüchtig, vorübergehend", so dass ihre Wahrnehmung „an ein Zeitmoment gebunden" scheint.[20]

---

18 S.o. Anm. 12.
19 Vgl. Dober, Evangelische Homiletik, 98-105.
20 W. Benjamin, GS II/1 (s.o. Anm. 9), 206f [Lehre vom Ähnlichen].

So verhält es sich auch mit der Idee zu einer Filmpredigt. In einem bestimmten Streifen muss dem Prediger die Konstellation von Gesichtspunkten „aufgeblitzt" sein, die dieses Kunstwerk geeignet erscheinen lässt, in der Predigt als Beispiel eingebracht oder nacherzählt zu werden. Hierbei muss die Konstellation schon gewusst sein, ehe denn der Film gesehen wurde – ähnlich wie der Betrachter des Sternenhimmels das „Bild" eines Skorpions, eines Löwen, einer Waage schon mitbringen muss, um es im Augenblick seiner aktuellen Wahrnehmung wieder erkennen zu können. Die für die Auswahl von Filmen vorauszusetzende Konstellation von Gesichtspunkten wird aber einbegreifen müssen, was im sog. „homiletischen Dreieck" schematisch zusammengefasst ist. D.h. es wird von den homiletisch brauchbaren Filmen *erstens* zu fordern sein, dass ihr Thema oder Gehalt eine Ähnlichkeit zu Thema und Gehalt des biblischen Textes aufweist, der auch im Fall einer Filmpredigt im Gottesdienst zitiert wird. Wie in jedem Predigttext, so ist auch in dem für eine Filmpredigt zu wählenden biblischen Bezug der theologische Gedanke entscheidend, der von ihm aus näher zu profilieren ist. In seinem Licht kann auch eine Textpredigt ihre angemessene Gestalt gewinnen. *Zweitens* wird von homiletisch brauchbaren Filmen zu fordern sein, dass sie für die Gemeinde die Aktualität, Anschaulichkeit und Konkretion aufweisen, die auch in ihrer Erfahrung der Wirklichkeit des gegenwärtigen Lebens zu entsprechen vermag. *Drittens* ist die Person des Predigers oder der Predigerin schon für die Auswahl von für die Predigt geeigneten Filmen und dann auch für die Durchführung einer Filmpredigt der entscheidende Faktor. Der auf die Kultur der Gegenwart ausgerichtete Sinn und Geschmack fürs Endliche muss in der Person des Predigers und der Predigerin mit dem religiösen Sinn fürs Unendliche in eine Korrelation treten und in Gestalt einer Predigtidee vermittelbar sein.[21] In

21 Mit dem Terminus „Sinn fürs Unendliche" schließe ich an W. Gräbs praktische Theologie des Mediengebrauchs an. Die Variation dieser zitierten Formel Schleiermachers gestattet aber den Anschluss an die Milieutheorien, welche den subjektiven „Sinn und Geschmack fürs Endliche" auf die „feinen Unterschiede" (Bourdieu) zwischen sozialen Gruppen mit ihren spezifischen Werthaltungen und Lebenseinstellungen beziehen.

dieser dritten Hinsicht spitzt sich eine für die neuzeitliche Aus-
differenzierung der Predigtaufgabe charakteristische Entwicklung zu, im Zuge derer der Person des Predigers eine immer
größere Bedeutung zugekommen ist. Die Predigerin hat die
Predigtidee (*inventio*) ebenso zu verantworten wie die gedank-
liche und sprachliche Durchführung einer Filmpredigt (ihre
dispositio und *elocutio*).[22]

2. Der verborgene Text im Film

Tritt im homiletischen Verfahren einer Filmpredigt also das
neue Medium, in dem die Bilder laufen lernten, an die Stelle
des alten Mediums, in dem Schriftzeichen durch Vorlesen in
einer aktuellen Sprachgestalt lebendig werden? Ja und Nein.
Filmpredigten würden keine eigene Form gewinnen können,
wenn der Erklärung und dann auch einer Auslegung des Textes
(explicatio und applicatio) unabhängig vom Film allzu großer
Raum gegeben würde. Für ihre Gestaltung hängt alles daran,
dass ein verborgener Text im Film hat aufgefunden werden
können und dass der Film selbst als Interpret eines biblischen
Gehaltes verstanden werden kann. In einer aktuellen Form
kann er dann mit der gegenwärtigen Erfahrung *versprochen* (E.
Lange) werden. Um solche Korrespondenzen zwischen dem
thematischen Gehalt eines Films und einem biblischen Text zu
erkennen, bedarf es einer Hermeneutik, die auf Ähnlichkeiten
aufmerksam ist, und diese Ähnlichkeiten müssen im Licht einer
Idee, die als eine Konstellation zu denken ist, als solche be-
schreibbar sein.
 Nach solcher inventionellen und konzeptionellen Vorarbeit
wird die Gestalt der Filmpredigt mit Vorteil die Form der
Narration annehmen: Der *plot* des Films wird so weit nachzuer-
zählen sein, dass sein mit dem gewählten biblischen Text zu ver-
mittelnder Gehalt deutlich genug vor dem inneren Auge der
Hörer steht. Die Kunst der anschaulichen, auf prägnante Szenen
und Bilder, auch auf Einstellungen der Kamera oder Bildschnitte
achtenden Nach-Erzählung muss das Thema des Films nennen
und seine Durchführung beschreiben können.

22 Vgl. Dober, Homiletik (s.o. Anm. 17), 18, 54, 101, 135, 139, 152,
 154 u.ö.

Hierbei gebührt – wie in jeder Rede – der *dispositio* eine ebensolche Aufmerksamkeit wie der *elocutio*, beide sind aber in der Konstellation zu bearbeiten, die die *inventio* vorgegeben hat. In der Nacherzählung des Films kann die dispositio durch den plot, seine Vor- und Rückblicke, sowie durch das Drehbuch vorgegeben sein, die elocutio aber ist – und sei es in einem metaphorischen Sinne – in der Prägnanz des sprachlichen Ausdrucks in den Dialogen, sowie in der Prägnanz der Bilder, Einstellungen und Schnitte aufzufinden.

In einem formalen Sinn tritt der Film also an die Stelle des auszulegenden biblischen Textes nach den Regeln der überkommenen homiletischen Kunst. Doch bei näherem Hinsehen kann sich zeigen: Wie eine Erzählung zum Medium werden kann, in dem der Text seine wesentlichen und aktuellen Gehalte (zwischen beiden Aspekten muss kein Widerspruch bestehen) zu erkennen zu geben vermag, so ist das auch auf dem Wege der Nacherzählung eines Films möglich, der allerdings vorher in der Gemeinde zu sehen gewesen sein muss. Während die konventionelle Predigtgestalt für den gedanklichen Gehalt, der abstrakt bleiben mag, angemessene Bilder und Beispiele finden muss, um konkret zu werden: Anekdoten, Reminiszenzen, Anspielungen auf tagespolitische Ereignisse, Bilder aus der Geschichte der Kunst, Gesangbuchstrophen etc. (die Beispieltexte, die dem Prediger in Sammlungen zur Verfügung stehen, sind Legion), machen sich Filmpredigten ein neueres Medium zunutze, um der homiletischen Forderung auf ihre Weise Genüge zu tun, „deskriptiv" zu predigen.[23]

Wenn aber der Film mit dem biblischen Text in eine Konstellation tritt, deren Idee das in beiden Medien Ähnliche beleuchtet, wird dieser von jenem in einem materialen Sinn keineswegs ersetzt. Das gilt auch dann, wenn der plot des Films ein anderer ist als das Bild im Text – wie etwa die Vögel im Himmel, auf die die Bergpredigt hinweist (Matthäus 6, 25ff), und die filmisch dargestellte Schatzsuche in der Sierra Madre: das durch

---

23 Vgl. den entsprechenden Aufsatz von R. Preul (Ders., Deskriptiv predigen! Predigt als Vergegenwärtigung erlebter Wirklichkeit, in: Ders., Luther und die Praktische Theologie. Beiträge zum kirchlichen Handeln in der Gegenwart [Marburger Theologische Studien 25], Marburg 1989, 84-112).

die Idee dieser Filmpredigt gegebene Gemeinsame ist vielmehr im Problem der menschlichen Sorge und in der Hoffnung auf Erlösung in ihr zu finden.[24] Wie im Licht der Predigtidee als einer Konstellation Film und Bibeltext miteinander versprochen werden können, zeigt auch die eschatologische Rede vom „Dieb in der Nacht" (1 Thessalonicher 5, 4) mit Blick auf den hereinbrechenden Antisemitismus, die Gewalt und den Hass in der Filmpredigt zu den „Comedian Harmonists".[25] Doch nicht nur Analogien sind im Licht der Predigtidee als Konstellation möglich, sondern auch Verfremdungen des Textes durch den Film oder Kontraste. Wenn etwa der Christ, Paulus folgend, als ein Narr beschrieben wird, und der Blick sich auf Charlie Chaplin richtet, so ist diese Ähnlichkeit nur durch Verfremdung aufrecht zu erhalten.[26] Entscheidend ist in jedem Fall, dass die in der Rezeption des Films wahrgenommene Idee des Regisseurs bzw. des Drehbuchautors mit der Predigtidee überblendet werden kann, so wie man durch doppelte Belichtung eines Filmstreifens ein Collage-artiges Bild zu erzeugen vermag, das voller Querverweise und immanenter Beziehungen ist.

3. Filmpredigten als religiöse Reden

Der Film hat mit anderen Gattungen der Kunst (mit den Gemälden und Romanen vor allem) gemeinsam, dass er die schier unüberschaubare Vielfalt und Fülle menschlicher Erfahrung zum Ausdruck und zur Darstellung bringt, ohne dass inhaltliche oder normative Kriterien hier schon eine Auswahl beschränken müssten. Filme zeigen alles: die Geburt und den Tod, die Kindheit und das Erwachsenwerden, die Sexualität und die Gewalt, den Krieg und den Frieden, menschliche Emotionen und Affekte, moralische Defizite und das Böse, psychische Ambivalenzen und seelische Krankheiten, die Endlichkeit des Menschen und sein Sterbenmüssen. Nichts Menschliches (und auch kaum etwas Unmenschliches) ist in diesem Medium nicht dargestellt worden, und es bleibt geeignet, der Darstellung aktueller Entwicklungen in Gesellschaft, Wissenschaft und

24 Vgl. Sorget nicht: „Der Schatz der Sierra Madre".
25 Vgl. Wie ein Dieb in der Nacht: „Comedian Harmonists".
26 Vgl. Hat Christsein etwas Närrisches? „Der Zirkus".

Politik auf der Spur zu sein, um diese in ihren Chancen und Risiken ins medial geprägte Bewusstsein vieler Zeitgenossen zu heben. Der Film ist ein Medium, das sehr unterschiedlich genutzt werden kann, sei es als Kunstwerk, das die Deutung dem Betrachter überlässt, sei es aber auch als Instrument der Aufklärung oder der Propaganda. In einer existentiellen Hinsicht, die die *conditio humana* zu beschreiben sucht (und d.i. die Hinsicht, die sich der homiletischen Perspektive nahe legt, weil sie untrennbar von der seelsorgerlichen ist), könnte man sagen: Der Film verleiht der skeptischen Weisheit des biblischen Buches des Predigers eine Fülle der Anschauungen und ermöglicht sinnliche, die Emotionen zugleich mit ansprechende Weisen der Wahrnehmung, *dass jedes Ding seine Zeit habe* (Prediger 3, 1-8).[27]

Die große Chance der Filmpredigt ist die Konkretion, doch nicht in der an Handlungsoptionen interessierten Weise, die G. Ebeling im schon zitierten Aufsatz zu Recht kritisiert, sondern in dem Sinne, dass die Botschaft des Evangeliums in einer individuell zu verantwortenden Predigt mit der wirklichen Lebenserfahrung zusammengewachsen ist. Eben darauf hebt auch das Konzept deskriptiver Predigt ab, von dem R. Preul eine Skizze gegeben hat. Wie kann die mit Hilfe eines Films gewonnene *Deskription* der menschlichen Situation nun aber auch ihren angemessenen Ort in einer *Predigt* finden, die davon handelt, „was Gott alles tut, getan hat und noch tun wird"?[28] Diese Frage verweist auf das – in theologischer Reflexion zu begründende – Problem der Gestaltung, wie eine Filmpredigt zu einer religiösen Rede werden kann. Ich möchte zuerst kurz auf die Charakteristik der Predigt als religiöser Rede eingehen, die Schleiermachers Homiletik entwickelt hat.[29] Sodann ist zu fragen, wie sich die Darstellung der Erfahrung im Film zur religiösen Erfahrung verhält, die in der Predigt zur Sprache kommt.

27 Man kann es auch so sagen: „Filme zeigen uns Gleichnisse der ‚condition humaine', die uns nicht unberührt lassen" (Schneider-Quindeau, Bewegte Blicke [s.o. S. 5], 149). Allen an Filmtheorie Interessierten kann dieser Aufsatz wärmstens empfohlen werden.
28 Preul, Deskriptiv predigen (s.o. Anm. 23), 89.
29 Vgl. Dober, Evangelische Homiletik (s.o. Anm. 17), 95ff.

Im Unterschied zu anderen Gattungen der öffentlichen Rede ist die Predigt von Schleiermacher als religiöse Rede beschrieben worden. Ihr Zweck besteht nicht in erster Linie in einer Motivation des Willens, wie das im Fall der politischen Rede primär ist, und auch nicht in erster Linie in einer Belehrung über Sachverhalte, über die dann zu entscheiden wäre, wie das im Fall der Gerichtsrede primär ist. Am ehesten ist sie der Festrede zu vergleichen, findet sie doch in der Regel an einem Sonntag statt, um die Gemeinde dadurch zu erfreuen, dass sich der Einzelne in ihr seines Christentums bewusst und der Orientierung in seinem Leben gewiss werden kann. Die Predigt ist auf die religiöse Vergewisserung des Einzelnen in seinem Lebenssinn ausgerichtet, und dieser muss nicht in den Sphären des Endlichen allein (in der Praxis des beruflichen, des „übrigen" bürgerlichen Lebens), sondern in der Dimension des Unendlichen immer wieder neu gefunden werden. Dieser Bestimmung wegen fügt sich die Predigt nicht ganz der Typologie der Redezwecke in der antiken Rhetorik. Als religiöse Rede nimmt sie einen Sonderstatus ein. Nur, indem sie sich dessen bewusst bleibt und selbstkritisch sich vor allen Vermischungen mit den Redezwecken der anderen drei typischen Gattungen bewahrt, wird sie als religiöse Rede wieder erkennbar bleiben.

Aus dem Gesagten ergibt sich, dass es aufwändiger Vermittlungen bedürfte, mit einem politischen Film in der Predigt das Gespräch zu suchen, auch wenn er in kritischer Absicht Missstände in der gegenwärtigen Praxis beschreibt.[30] Auch solche Filme können freilich dann in eine Predigt integriert werden, wenn nicht deren Intention, auf eine bestimmte Weise Meinungen zu bilden, unmittelbar in die Predigtintention übernommen wird.

---

30 Folgende zeitgenössische Beispiele seien genannt: In „Der Krieg des Charlie Wilson" (USA 2007; Regie: Mike Nichols) spielt Tom Hanks die Rolle des Senators, der nach Afghanistan Waffen lieferte, um ein Gegengewicht gegen die russische Aggression zu bilden, durch diese Intervention aber zur Stärkung der Taliban beitrug. In „Von Löwen und Lämmern" (USA 2007; Regie: Robert Redford) endet die Begeisterung zweier Studenten für das amerikanische Engagement in Afghanistan tödlich. „Frost/Nixon" (USA 2008; Regie: Ron Howard) arbeitet die Hintergründe der Watergate-Affaire auf. Ein älteres Beispiel ist „Vermisst" (s.o. Anm. 6).

Das gilt auch für solche Filme, die ihren plot in einer Gerichts-
szene münden lassen, welche von den Reden lebt, die die An-
wälte hier halten. Das ist der Fall in „Philadelphia", der zwar
eine politisch relevante Aussage hat und von der Intention getragen ist, das Publikum über die gesellschaftliche Stellung von
AIDS-kranken Homosexuellen aufzuklären, beides aber seinerseits schon in die religiöse Frage nach dem Sinn des Lebens angesichts der eigenen Endlichkeit einbettet.[31] Auch wenn man
im Licht des Evangeliums die kunstreligiöse Antwort, die der
Film selbst gibt, nicht ohne Ergänzungen wird in die Predigt
übernehmen können, erfüllt er selbst schon das Kriterium,
nicht nur die Erfahrung im Geschäftsleben, im Politischen oder
vor Gericht darzustellen, sondern eine „religiöse Erfahrung"
selbst. In dieser wird – einer immer noch tragfähigen Bestimmung zufolge – eine „Erfahrung mit der Erfahrung" gemacht[32],
und das heißt mit Blick auf die religiöse Erfahrung: sie verbleibt
nicht in einer Sondersphäre, in einer gesellschaftlichen Nische,
einem von aller sonstigen Welt abgeschirmten Bezirk, sondern
kann „gemacht" werden in der Mitte des Lebens, wenn „eine
Situation oder ein Sachverhalt des alltäglichen Weltumgangs,
der Selbst- und Welterfahrung, im Licht der Tradition des
christlichen Glaubens interpretiert wird."[33]

So sehr diese Definition für die religiöse Erfahrung in Geltung steht, von der die Predigt am Ende wird zu handeln haben,
so wenig reicht sie allerdings schon hin, um die Erfahrung mit
der Erfahrung zureichend zu beschreiben, die in einem solchen

31 Vgl. Bruderliebe im Angesicht von modernen Formen des Aussatzes:
   „Philadelphia".
32 F. Wagner, Was ist Religion? Studien zu ihrem Begriff und Thema in
   Geschichte und Gegenwart, Gütersloh 1986, 465.
33 F. Wagner, Was ist Religion, 467. In einem neueren Beitrag hat J. Laus-
   ter die Mehrdeutigkeit des Begriffs der religiösen Erfahrung in der
   Spannung zwischen einem funktionalen und einem substantiellen Re-
   ligionsbegriff diskutiert und auf den Begriff der „Lebensdeutung" hin
   bestimmt. Filmpredigten wollen dazu ihren praktischen Beitrag leisten
   (vgl. Ders., Religiöse Erfahrung und Lebensdeutung. Hermeneutische
   Überlegungen zum Begriff der religiösen Erfahrung, in: H. Deuser
   [Hg.], Metaphysik und Religion. Die Wiederentdeckung eines Zusam-
   menhangs [VWGTH 30], Gütersloh 2007, 198-218).

148

Film wie „Philadelphia" zur Darstellung kommt. Der Deutungsrahmen, in den hier die menschliche Existenz in den genannten
Sphären des Weltumgangs gestellt wird, ist zwar religiös in
einem weiten Sinn[34], nicht aber festgelegt auf die Tradition des
christlichen Glaubens. In jedem Fall jedoch ist religiöse Erfahrung *interpretierte* Erfahrung, und sie kann nur gemacht
werden „aufgrund ihres Eingebettetseins in tradierte und sozial
vermittelte Deutungen".[35] Eben das sucht die Predigt zu zeigen,
die sich auf „Philadelphia" bezieht. Eine Erfahrung ist überhaupt erst „machbar" auf dem Wege z.T. recht einlässlicher Vermittlungen, sei es durch die Anverwandlung von Deutungsmustern, die in der Lektüre eines Romans angeeignet werden
(auch er kennt Darstellungsfunktionen, die zur Deutung anregen), sei es durch den Umgang mit dem komprimierten Ausdruck einer Erfahrungsweisheit, die in einem Gedicht verdichtet sein kann. Immer muss ich die Deutungsmuster für die
Erfahrung schon mitbringen, oder die Erfahrung fügt sich
nicht mehr ausreichend den bestehenden Deutungsmustern, so
dass diese einer Erweiterung oder Transformation bedürfen. So
können auch Filme in der Rezeption den Horizont der Erfahrung
weiten.

Das skizzierte Verhältnis ist grundsätzlich dem ähnlich, in
dem biblische Texte sich zur Erfahrung verhalten bzw. für die
Predigt in diesem Verhältnis zu verstehen sind[36] – mit dem Unterschied allerdings, dass *erstens* in den Filmen zumeist nicht
mehr die agrarische Welt z.Zt. Jesu oder des Alten Testaments
mit ihren Plausibilitätsstrukturen und heute nicht mehr un-
mittelbaren Selbstverständlichkeiten dargestellt wird, sondern
die gegenwärtige Lebenswelt oder – im Fall eines historischen
Films – die Lebenswelt in allen möglichen früheren Epochen.
Zweitens sind Filme auch nicht kanonisch, wenngleich sie als
Kunstwerke in Genres eingeteilt werden. Die auf sie bezogene
normative Prägekraft aber schwebt im freien Spiel zwischen
Produktion und Rezeption, während man den biblischen

---

34 Vgl. etwa U. Barth zur Erschließungskraft der Schleiermacherschen
  Religionstheorie als ein Urphänomen (Ders., Was ist Religion? in:
  ZThK 93 [1996], 538-560, 540).
35 Wagner, Was ist Religion? (s.o. Anm. 32), 467.
36 S.o. Anm. 12.

Texten im Rahmen einer christlichen Weltanschauung zutraut, (aller Differenz in den lebensweltlichen Plausibilitäten zum Trotz) eine primäre Prägewirkung auf den Deutungsrahmen ausüben zu können und zu dürfen, in dem Erfahrungen überhaupt gemacht werden. /

In den vorliegenden Predigten nun tritt der Film in eine Interpretenrolle ein, insofern er sich auf Erfahrung bezieht und diese seinerseits einer Deutung unterwirft. Doch insofern die Predigt das Gespräch mit dem ausgewählten Film eröffnet, interpretiert sie ihrerseits die Interpretenrolle des Films in dem Deutungsrahmen, der zu den theologischen Voraussetzungen einer Predigt als religiöser Rede gehört. So kann Religiöses in christlicher Präzisierung prägnant herausgestellt werden, wie es in den Filmen meist nur angedeutet ist.[37] Das mögen biblische Stoffe sein wie die Anspielung auf die Jona-Geschichte in „Cast Away", das Thema der Blindheit in „Erbsen auf Halbsechs", die Erfahrung des Dämonischen im psychotischen Wahn in „A Beautiful Mind", die Versuchung in idealtypischen Gestalten in „Vaya con Dios", die Liebe als Anerkennungsverhältnis zwischen Ungleichen in „Good Will Hunting". Das mögen aber auch religiöse Fragen und Themen sein, die ohne ausdrücklichen biblischen Bezug zur Darstellung kommen, wie die Gefahr, die eine Fixierung aufs Geld (den Mammon) für die mitmenschliche Realität in „Der Schatz der Sierra Madre" bedeuten kann, oder wie die Frage des 90. Psalms, was die Einsicht in die Endlichkeit seines Lebens den Menschen lehren kann, in „Das Beste kommt zum Schluss". Für die Predigt, die sich auf Filme einlässt, kommt es in jedem Fall darauf an, „was nie geschrieben wurde, [zu] lesen"[38], und d.h. ihn in eine Deutungsperspektive

---

37 In diesem begrifflichen Rahmen kann auch deutlich werden, warum Filme, die darum bemüht sind, unmittelbar religiös zu sein, als Filme meistens furchtbar schlecht sind (vgl. etwa „Dogma" [USA 1999; Regie: K. Smith]).

38 Diese Formel Hofmannsthals hat Benjamin für die Entfaltung seiner Lehre vom Ähnlichen fruchtbar gemacht. Sie ist geeignet nicht nur dazu, den verborgenen Text eines Films zu entdecken, sondern auch ihn noch ins Licht der Konstellation des Evangeliums zu stellen (vgl. Benjamin, GS II/1, 213).

zu stellen, die ihr Licht aus einer Konstellation empfängt, in welcher die befreiende Botschaft des Evangeliums auf die Lebenswirklichkeit des Menschen bezogen wird.

4. Sinnmaschine oder Traumfabrik?

Die Filmpredigten suchen das Gespräch mit dem *erzählenden Kino*, dessen Zukunft offen (und umstritten) ist. Denn sie liegt „in einer weitgehend verachteten, vernachlässigten, unordentlichen, wilden, uncoolen Vergangenheit".[39] Auf die Vergangenheit bezogen zu sein gehört aber zum Begriff der Erzählung im Unterschied zu dem des Erlebnisses, das stets an die Gegenwart gebunden ist, und sei es an die des *Traums*. Den Zuschauer in Traumwelten der Magie und der Geheimnisse, in die labyrinthischen Verknüpfungen von Bildern und Kameraeinstellungen zu entführen, ist eine andere Funktion des Films als die einer Vergegenwärtigung von Vergangenem in einem die Augen wie das Gehör ansprechenden Erlebnis.[40]

Beide Spielarten des Films stehen allerdings nicht unverbunden nebeneinander. So führen auch Träume in die Vergangenheit, sei es die des in ihnen aufzuspürenden „Tagesrestes", ohne den erkannt zu haben keine überzeugende Deutung wird gelingen können,[41] sei es die unvordenkliche Vergangenheit des Unbe-

---

39 D. Graf in seiner Besprechung des auf DVD vorliegenden Schmugglerfilms von Lucio Fulci „Contraband" (F.A.Z. vom 29. April 2009, Seite 33).

40 Auf derselben Seite der F.A.Z. hat M. Althen eine ganze Sammlung derartiger Filme besprochen, die „Vier Meisterwerke" von J. Rivette. Auch W. Winkler betont diesen Aspekt des Kinoerlebnisses, sich in Gegen- oder Traumwelten führen und auf diese Weise verführen zu lassen, um für die Dauer des Films von der Normalität des Alltags mit allen Selbstverständlichkeiten, aller Not und aller Langeweile entlastet zu werden. Sein allegorisches Beispiel ist die „Reise im Ballon": „als blinder Passagier über Länder, Berge und Meere" zu reisen, „einen gütigen Großvater zur Seite und dank der Montgolfiere im sicheren Irgendwo zwischen Himmel und Erde" – das sei „reines Kino, denn weiter als dort oben im tiefroten Ballon konnte man dem armseligen Dorf nicht entkommen" (Ders., Kino [s.o. Anm. 2], 31f).

41 Traumbilder tragen eine Signatur, die zu entschlüsseln Aufschluss auch über die unbewusst treibenden Kräfte einer Zeit zu geben verspricht.

wussten, die sich Freud zufolge in ihnen manifestiert.[42] Und Erzählungen entführen in eine andere Welt, in der die Kostüme eine Vergangenheit repräsentieren, die längst vergangen ist. Nicht vergangen aber sind die Situationen der Entscheidung, des Gelingens und des Scheiterns, der Schuld und der Versöhnung, in denen die Protagonisten sich jeweils befinden. Erzählende Filme konfrontieren die Zuschauer immer wieder auch mit dem *ethischen Anspruch*, der alle Darstellung der Geschichte unter dem Gesichtspunkt menschlichen Handelns begleitet.[43] Auch wenn die Imagination, wie es damals wohl gewesen sein mag, der Phantasie zugehört, die auch die Träume gebiert, führen erzählende Filme doch nicht in Traumwelten. Während das Versinken in den Traum eine Flucht aus der Realität sein kann, begünstigen erzählende Filme den Augenblick des Erwachens, in dem realitätstaugliche Erkenntnisse aufblitzen können.[44] Filme, die das Potential zu derartigen Erkenntnissen haben, sind vor allem hier ausgewählt worden. Sie erzählen Geschichten, sei es aus einer fernen Vergangenheit (wie „Les Mise-

42 Vgl. Dober, Seelsorge bei Luther, Schleiermacher und nach Freud, Leipzig 2008, 127ff.
43 In einem Brief an den Vetter H. Ehrenberg vom 26.9.1910 schreibt F. Rosenzweig, er möchte die Geschichte *„als Tat des Täters"* betrachten, und d.h. unter dem primären Gesichtspunkt menschlicher Verantwortung. Weil keine Tat „ohne weiteres göttlich" bzw. „gerechtfertigt" sei, weigere er sich, wie Hegel „Gott in der Geschichte" zu sehen, als ob eine List der Vernunft in der Wirklichkeit zum Durchbruch verhelfe. Vielmehr werde „jede Tat … sündig, wenn sie in die Geschichte tritt", und deshalb sei der Mensch, der die Folgen seines Tuns zumeist nicht absehen könne oder „nicht wollte …, was wurde", angewiesen auf Erlösung. Vgl. F. Rosenzweig, Briefe und Tagebücher I [Gesammelte Schriften Bd. 1, The Hague 1979], 112f.
44 Dieser für die historische Erkenntnistheorie W. Benjamins entscheidende Gesichtspunkt lässt sich jedenfalls auch in der Rezeption von Filmen verifizieren. Für Benjamin ist das Erwachen aus dem Traum zur „dialektischen Methode der Historik" erhoben worden (Benjamin, GS V, 1006; vgl. Dober, Die Verwindung des Historismus. Ernst Troeltschs und Walter Benjamins geschichtsphilosophische Reflexion im Vergleich, in: Mitteilungen der Ernst-Troeltsch-Gesellschaft Bd. 17, München 2004, 41ff, 54).

152

rables"), sei es aus der Gegenwart (wie „Erleuchtung garantiert" oder „Das Beste kommt zum Schluss").

Ein Vergleich aus der bildenden Kunst soll den Unterschied zwischen den beiden in Frage stehenden Spielarten des Kinos verdeutlichen. Wie das idealtypisierende *Ornament* in den Bildern Paul Klees als ein Mittleres zwischen *mimetischer* und *illusionistischer* Darstellung verstanden werden kann[45], so das *erzählende* Kino als ein Mittleres zwischen *Traum* und *Dokumentation*. Denn der erzählende *plot* bedarf der Phantasie, um in die Vergangenheit zu führen. Kostüme, Accessoirs und Gebrauchsgegenstände sollten aber in größtmöglicher historischer Treue den damaligen Stil repräsentieren bzw. dokumentieren. Doch die Erzählung des Films führt eben dann nicht nur in die Vergangenheit wie in einen Traum ein, in dem man versinken kann, wenn sie zu sagen vermag: *de te fabula narratur*.[46]

Häufig werden in Filmen aber auch mythische Stoffe präsentiert: „oft sind es Erlösungsmythen – in modernem Gewand".[47] Das spricht nicht prinzipiell gegen den Versuch, auch mit solchen Filmen in der Predigt das Gespräch zu suchen wie „Titanic", „Der Herr der Ringe" oder „Pretty Woman". Doch es wird zu fragen sein, wo das Bedürfnis nach illusionärer Wunscherfüllung allzu kritik- und differenzlos erfüllt wird, und wo auf eine dualistische Weise allzu einfach zwischen Gut und Böse unterschieden wird. Im Fall von „Titanic" lässt sich durchaus eine Analogie zur christlichen Botschaft vom Gott der Liebe finden – das ist allerdings Sache der Interpretation.[48] Mit Blick

---

45 Das macht die Ausstellung „Auf der Suche nach dem Orient. Von Bellini bis Klee" (bis 24.5.2009) im Zentrum Paul Klee zu Bern deutlich.

46 Es gibt freilich Verteidiger des Traum-Kinos, die vom erzählenden nicht viel wissen wollen, jedenfalls nicht insofern, als auch die Film-Erzählung dem Zuschauer Rat wissen und auf die Fragen nach seinem Lebenssinn antworten kann. So schreibt Winkler: „In den Verdacht, eine Sinnstiftungsanstalt zu sein, ist das Kino selten geraten" (Ders., Kino [s.o. Anm. 2], 108f).

47 Damm, Fünf Thesen (s.o. Anm. 8), aaO.

48 Vgl. J. Herrmann, Sinnmaschine Kino. Sinndeutung und Religion im populären Film [PThK 4], Gütersloh ²2002, 131ff. 192ff. W. Gräb bezieht sich darauf: vgl. Ders., Sinn fürs Unendliche. Religion in der Mediengesellschaft, Gütersloh 2002, 212.

auf andere Filme, die die dramatische Tragik der Antike in der Moderne wieder auferstehen lassen, wird man zudem fragen müssen, ob sie – wie es von einer Filmpredigt aus theologischen Gründen zu fordern ist – eine „Straße der Befreiung" aus dem Schicksal als „Schuldzusammenhang des Lebendigen" zu weisen vermögen.[49]

In den Medien, die den Film hinsichtlich seiner technischen Funktionen überholt haben, kann man eine „neue Irrationalität" finden, in deren Sphäre „archaische Denk- und Deutungsmuster" wiederkehren. Doch auch mit Blick auf den Film wird man fragen müssen, inwiefern er schon in die Zeit einer Wiederverzauberung, einer Remythisierung inmitten einer sich immer weiter ausdifferenzierenden modernen Gesellschaft gehört, deren Entwicklung nach Max Weber durch „Entzauberung" und „Rationalisierung" gekennzeichnet war. Wenn in der gegenwärtigen Mediengesellschaft gilt: „Nicht die wahre – die bessere Geschichte gewinnt"[50], dann wird für die Auswahl von Filmen, die predigt-tauglich sind, gelten können: Nur Filme, die wahre Geschichten auf die Leinwand bringen, können Kandidaten für eine solche inszenierte Diskussion sein. Das Wahrheitskriterium bemisst sich aber nicht nach dem Genre des Films, sondern nach den im Film verarbeiteten Stoffen, die die menschliche Situation in Modellen des antiken Mythos oder anhand von zeitgenössischen Biographien mit den ihnen eigenen Problem- und Konfliktszenarien zur Darstellung bringen. In einer Analogie zur Biographik müssen *Sach- und Wahrheitsgehalte* einander entsprechen, auch wenn es sich um figurierte Gestalten und deren Lebensgeschichten handelt.[51]

49 Benjamin, GS II/1, 174f. [Schicksal und Charakter]. Als Beispiel für das sich hier stellende Problem sei der filmtechnisch ganz hervorragend gemachte Streifen „Lohn der Angst" (F/I 1953; Regie: H.-G. Clouzot) genannt. Vor allem im Genre des französischen *film noir* ist der Stoff antiker Mythen in die moderne Lebenswelt übertragen worden (vgl. etwa „Orphée" [F 1950; Regie: J. Cocteau]). Eine andere europäische Produktion unter vielen ist: „Edipo re [Bett der Gewalt]" (I 1967; Regie: P.P. Pasolini), eine Darstellung des Ödipus-Mythos.

50 J. Altwegg, Die Märchen der Macht, in: F.A.Z. Nr. 22 vom 27. Januar 2009, S. 34.

51 Der Kontext einer Lebensgeschichte ist in einigen der hier ausgewähl-

Benjamins Unterscheidung aufnehmend geht es darum, dass wahre Geschichten sich nur im *Medium der Differenz* erzählen lassen, und die betrifft meist auch den Ausgang: Wenn er im Zeichen der Hoffnung steht, ist dies ein Indiz für die Wahrheit der erzählten Geschichte.[52] Auch ist das Kriterium einer wahren Geschichte auf solche Filme anzuwenden, die sich historischen Stoffen widmen – diese müssen zutreffend recherchiert und auf eine möglichst unprätentiöse Weise ausgearbeitet, d.h. sie sollten nicht von besonderen, evtl. hoch problematischen Gegenwartsinteressen geleitet sein. Jeder Nutzung des Films als eines Kunstwerks zu propagandistischen oder agitatorischen Zwecken, wie das die Funktionalisierung der Kunst in Diktaturen und totalitären Systemen zeigt, ist zu wehren.

5. Kriterien der Auswahl von Filmen

Jeder Regisseur lässt seinen Film jedenfalls auch im Rahmen der Vorstellungen, Normen, Weltanschauungen und -entwürfe spielen, die ihm eigen und selbstverständlich sind[53]: Das gilt für so unterschiedliche Meister wie Henri-Georges Clouzot, Stanley Kubrick, Robert Altmann, Martin Scorsese, Woody Allen und manch andere mehr. Die Filmauswahl kann sich nicht auf einen Regisseur, eine Gattung, eine Epoche beschränken. Sie muss gefunden haben durch Flanerie, Sammlung und Spiel[54], und in diesem Sinne gefunden zu haben, heißt: Die Ähnlichkeit zwischen dem, was der Film an Gehalten (nicht nur an einzelnen Bildern und Einstellungen) zu sehen und zu hören gibt, und dem sachlichen oder theologischen Gehalt des biblischen Textes muss prägnant genug sein, so dass der Text den Filmgehalt und umgekehrt der Film einzelne Textgehalte präzisieren kann. An

---

ten Filme das Formprinzip: vgl. „Good Will Hunting", „Erbsen auf Halbsechs", „Vaya con Dios", „A Beautiful Mind".

52 Vgl. Dober, Die Moderne wahrnehmen. Über Religion im Werk Walter Benjamins, Gütersloh 2002, 295-303.

53 Dafür gibt der Film „Aviator" (USA 2004; Regie: M. Scorsese) ein Filmbeispiel im Film: Der Millionär, Filmemacher und Flugzeugbauer Howard Hughes hatte in seinen jungen Jahren eben mit Vorliebe Filme über das Fliegen gemacht, war das Fliegen doch seine eigene Vorliebe.

54 Vgl. Dober, Homiletik (s.o. Anm. 17), 139-164, bes. 153-164.

den Rändern der prägnant zu präzisierenden Ähnlichkeiten kann – und darf – es dann durchaus Unschärfen geben; d.h. nicht alles im Film muss sich dem Kriterium der Ähnlichkeit fügen, und auch die Weltanschauung des Regisseurs muss sich nicht in allen Stücken mit der überkommenen christlichen Sitte und Konvention decken. Allerdings wird die Frage des Geschmacks, des Stils und des Genres bei der Wahl von Filmen Grenzen setzen müssen.

Dass etwa ein *Science-fiction-Film* durchaus christliches Gedankengut transportieren und eine kritische Auseinandersetzung mit ihm angeraten oder auch geboten sein kann, ist anhand vorliegender Analysen leicht einzusehen.[55] Aus dem Genre des *Western* finden sich in der hier vorgelegten Auswahl zwei Beispiele.[56] Die Leser mögen urteilen, ob die Verknüpfung hier gelungen und das Kriterium des guten Geschmacks erfüllt ist. Was die sich mit Blick auf dieses Genre und auf den Thriller stellende Frage nach der Darstellung von Gewalt betrifft, so wird man sagen können: Kein Western vermag darauf ganz zu verzichten; für die Auswahl wird aber von Bedeutung sein, in welchem Maß und Grad das jeweils geschieht. Wenigstens zwei der Predigten setzen sich mit Filmen auseinander, die *historischen Stoff* dramatisieren.[57] Das macht sie in besonderer Weise anschlussfähig an solche Stellen im Kirchenjahr, die qua definitionem auf historische Situationen bezogen sind und unter dem Anspruch stehen, der Pflege einer Gedächtniskultur zu dienen, wie etwa der 9. November oder der Israelsonntag.[58]

55 Vgl. H.-M. Gutmann, Der Herr der Heerscharen, die Prinzessin der Herzen und der König der Löwen. Religion lehren zwischen Kirche, Schule und populärer Kultur, Gütersloh 1998. J. Herrmann, Sinnmaschine Kino (s.o. Anm. 48). Ders., Medienerfahrung und Religion. Eine empirisch-qualitative Studie zur Medienreligion, Göttingen 2007.
56 „Weites Land" (1958) und „Der Schatz der Sierra Madre" (1947). Vgl. für Überblick und Analysen: Bert Rebhandl (Hg.), Western. Genre und Geschichte, Wien 2007.
57 Vgl. Von Gewissensfragen zur Glaubensgewissheit: „Die letzten Tage der Sophie Scholl", oder: Wie ein Dieb in der Nacht: „Comedian Harmonists". Auch in „Les Miserables" ist das Historische der Kontext der Erzählung. Die historische Konkretion ist in meiner Interpretation aber nur der Hintergrund für die theologische.
58 Es wäre eine anspruchsvolle Herausforderung, Filme wie „Munich"

Es ist leichter zu sagen, was im kirchlichen Raum keinen Platz finden wird, als eine distinkte Empfehlung zu geben, was hier gezeigt werden kann. Zwischen minimalen und maximalen Ansprüchen bleibt ein Spielraum von Möglichkeiten bestehen, in den auch *Fantasy-Filme*, die sich heute großer Beliebtheit erfreuen, aufgenommen werden können – die vorliegende Sammlung hat darauf allerdings verzichtet. Um mit dem Leichteren zu beginnen, so werden sich harte *Thriller* nicht empfehlen, die vor allem aus der Steigerung der Spannung, will sagen: des Adrenalin-Spiegels im Zuschauer ihre Legitimation und ihren Wert beziehen.[59] D.h. aber nicht, dass der Thriller in jedem Fall auszuschließen wäre, bringen doch vor allem manche älteren Vertreter dieses Genres solche existentiellen Situationen auf die Leinwand, an denen eine christliche Deutungskompetenz sich abarbeiten kann.[60] Mit Blick auf die schwerer zu entscheidende Frage der Wahl von mehr oder weniger geeigneten Filmen ist einerseits auf die schon genannte Methode der Flanerie, der Sammlung und des Spiels zu verweisen, die in der Predigtarbeit überhaupt sich zu bewähren vermag, andererseits auf die Kontrolle, der das als Option Gefundene im Licht der Predigtidee als Konstellation zu unterwerfen ist.

Auch die im Film dargestellte Sexualität ist von Belang. Es ist nicht leicht zu sagen, wo die Darstellung einer Erotik aufhört, die der Geschöpflichkeit des Menschen entspricht, und wo sie

(USA 2005; Regie: S. Spielberg) oder „Die Libelle [Little Drummer Girl]" (USA 1984; Regie: G.R. Hill) auf das christliche Verhältnis zum Judentum zu beziehen, welches durch die Gründung des Staates Israel in die Geschichte zurückgekehrt ist und seither in harten Konflikten zwischen Staaten und politischen Interessen zu bestehen hat.

59 Ein Beispiel unter anderen, das sich hier nahe legt, wäre der Film „Speed" (USA 1994; Regie: Jan de Bont). Ganz wahrheitsgemäß und ehrlich entspricht hier der Inhalt dem Titel – es geht um wenig anderes mehr als um die Darstellung einer immer mehr gesteigerten Geschwindigkeit, als deren Grenze am Ende die leere Bewegung erscheint. Ihr Pendant in der Befindlichkeit des Zuschauers ist die Langeweile.

60 Als ein Beispiel hierfür mag „Der Lohn der Angst" von Clouzot gelten (s.o.). Vgl. etwa auch „Der einzige Zeuge" (USA 1985; Regie: P. Weir): dargestellt wird das Leben der Amish People. Das gibt Anlass, über Stillstand und Transformation christlicher Lebenswelten in der Moderne nachzudenken.

in Pornographie übergeht, die das Geschlecht des Menschen zum nutzbaren Gegenstand macht, der sich vermarkten lässt. Für die in einer christlichen Gemeinde der Gegenwart versammelte Milieuvielfalt wird jedenfalls gelten können, dass in dieser Frage weniger meist mehr bedeutet, oder anders gesagt: Wer durch die Auswahl des Films den Bogen auf diesem Feld überspannt, läuft Gefahr, sich Konflikte in einem Bereich einzuhandeln, der vielleicht nur am Rande des intendierten Gespräches zwischen Film und Prediger liegt. Die in den vorliegenden Filmpredigten getroffene Auswahl sucht einen mittleren Weg zu beschreiten. Die Darstellung der Erotik und der Sexualität fehlt keineswegs, gehört sie doch elementar zur Erfahrung des Menschen hinzu, weshalb es kaum einen neueren (oder auch älteren) Film gibt, der ohne die Einbeziehung dieses elementaren Lebensbereiches auskäme.[61] Niemals aber scheint in den ausgewählten Filmen die Grenze des guten Geschmacks überschritten, wobei dies ein subjektives und durchaus an den Zeitgeist gebundenes Kriterium ist, das kaum allgemeine Geltung beanspruchen könnte. Welchem Wandel der musikalische Geschmack etwa, oder auch die Einschätzung dessen in den vergangenen 5 Jahrzehnten unterworfen worden war, was ein 12-Jähriger zu Gesicht bekommen darf und was nicht, bedarf hier keiner weiteren Erörterung.

Insbesondere in Fragen des Sinns und Geschmacks lässt sich der subjektive Faktor der Auswahl überhaupt nicht von der Hand weisen. Dies anzuerkennen heißt aber auch zu respektieren, dass man auf „das subjektive Vermögen" zurückgehen muss, „auf dem alle religiöse Erfahrung fußt".[62] Nur unter Voraussetzung *auch* des subjektiven Faktors werden treffliche Ideen für Filmpredigten entwickelt werden können. Der subjektive Faktor wird aber immer durch die Wahrnehmung der Gemeindesituation und den normativen Gesichtspunkt christlicher Traditionsbindung – als seine Korrektive – ergänzt werden müssen.

---

61 Das gilt auch für „Vaya con Dios", „Erbsen auf Halbsechs", „A Beautiful Mind", „Philadelphia".
62 Wagner, Was ist Religion? (s.o. Anm. 32), 466.

Film-Nachweise

Erleuchtung garantiert (D 1999; Regie: Doris Dörrie)

Erbsen auf halb 6 (D 2004; Regie: Lars Büchel)

Vaya con Dios (D 2002; Regie: Zoltan Spirandelli)

Wie im Himmel (Schweden 2004; Regie: Kai Pollack)

Weites Land (USA 1958; Regie: William Wyler)

Cast Away. Verschollen (USA 2001; Regie: Robert Zemeckis)

Les Miserables (U.K./D/USA 1998; Regie: Billie August)

Sophie Scholl – Die letzten Tage
(D 2005; Regie: Marc Rothemund)

Good Will Hunting (USA 1997; Regie: Gus van Sant)

Der Zirkus (USA 1928; Regie: Charlie Chaplin)

A beautiful Mind (USA 2001; Regie: Ron Howard)

Philadelphia (USA 1993; Regie: Jonathan Demme)

Der Schatz der Sierra Madre
(USA 1948; Regie: John Huston)

Comedian Harmonists (D/A 1997; Regie: Joseph Vilsmaier)

Das Beste kommt zum Schluss. The Bucket List
(USA 2007; Regie: Rob Reiner)

Technische Notiz

Für die Vorführungen in der Gemeinde war der Film am besten bei der Evangelischen Medienzentrale bzw. beim Ökumenischen Medienladen in Stuttgart zu bestellen (möglich ist das entsprechend in allen Medienstellen der Landeskirchen).

Wenn dort der entsprechende Streifen vorrätig war, waren auch die Gebühren für die Vorführung abgegolten. Anders verhielt es sich mit Filmen, für die die Landesstelle keine Vorführrechte erworben hatte. Für diese war dann unter einer Internet-Adresse zu prüfen, ob sie zu der in der VIDEMA-Titelliste aufgeführten Werke gehören und also zur Vorführung freigegeben waren (*www.mplc-gmbh.de*). Die Vorführerlaubnis konnte dann für eine Gebühr von € 15 pro Film beim Ökumenischen Medienladen erworben werden. Das entsprechende Formular ist für den Bereich der Evang. Landeskirche in Württemberg unter *www.oekumenischer-medienladen.de* herunter zu laden und an folgende Adresse zu senden:

Fachstelle Medien, Diözese Rottenburg-Stuttgart, Postfach 700137, 70571 Stuttgart

Analoge Verfahren wird es in anderen Landeskirchen auch geben. Wenn für die Vorführung kein Eintritt verlangt wurde, sind dies unproblematische Wege gewesen. Unter Umständen wären Absprachen mit dem lokalen Kino allerdings vorzuziehen.